Gaillard & Claude

A Certain Decade

Musée des Arts Contemporains au Grand-Hornu

Le Pas-de-sens

Denis Gielen

Parce qu'y affleurent des pointes d'incongruité et, dans leur fabrication même, des marques d'excentricité (comme l'usage peu orthodoxe du paracétamol ou de l'uréthane), les objets d'art produits par Gaillard & Claude participent d'une esthétique qui rappelle à plus d'un égard le *nonsense*, genre littéraire dont l'apogée stylistique est apparu dans l'Angleterre victorienne avec l'œuvre de Lewis Carroll. Dans leur livre *Oompah, Tom-tom, Tootle-too & Toot* (2017), une sorte de photo-roman dont l'écriture des dialogues a été confiée à Lili Reynaud Dewar, des pseudo-instruments de musique en plâtre de Paris (dont les noms entre onomatopée et allitération évoquent l'univers des contes pour enfants[1]) sont, par exemple, dotés de la parole, tout comme dans *Alice*, les cartes à jouer ou les pièces du jeu d'échecs. De même, leurs morphologies bizarres rappellent encore les métamorphoses des jeux que Lewis Carroll imagine pour amuser Alice, par exemple, en transformant le traditionnel croquet en un sport quasi impraticable, les boules devenant des hérissons qui se déroulent et s'enfuient, le maillet un flamant dont le cou, récalcitrant, se tortille. Mais surtout, cette esthétique de l'absurde est de même nature ; piquante et salée tel le trait d'esprit ou le « pas-de-sens » (comme « pas de vis », précise Lacan)[2] qui – surgi du subconscient – transperce le langage du « bon sens » et du « sens commun » et fait sens malgré tout. Car le *nonsense*, comme l'exprime autrement Gilles Deleuze, injecte nécessairement du « sens dans le non-sens » : « Le non-sens est à la fois ce qui n'a pas de sens, écrit le philosophe, mais qui, comme tel, s'oppose à l'absence de sens en opérant la donation de sens ».[3] Transposée au langage plastique de Gaillard & Claude, cette « donation de sens » y passe essentiellement par un assouplissement des règles et des normes régissant et standardisant notre rapport au monde, et conduit à un art des anomalies et des exceptions qui redéfinit finalement moins la limite entre

1 À ce propos, on relèvera que la publication *Oompah, Tom-tom, Tootle-too & Toot* est inspirée du livre pour enfant *Tak Tak le Teckel* (1962) dont le titre est allitératif.

2 C'est en 1957 que Jacques Lacan crée le néologisme « pas-de-sens » qu'il préfère au terme « non-sens » : « Du pas de sens comme on dit le pas de vis, le pas de quatre, le pas de Suze, le Pas-de-Calais » note-t-il à l'occasion d'un séminaire.

3 Gilles Deleuze, *Logique du sens*, Paris, Éditions de Minuit (Coll. Critique), 1982, p. 89.

sens et non-sens que la frontière entre normalité et anormalité. Héritage pataphysicien, les *3 Stoppages-étalon*, par lesquels Duchamp choisit dès le début du 20e siècle de « distendre un peu les lois physiques et chimiques »[4], apparaissent ainsi comme le modèle à la fois canonique et ironique d'un tel processus créatif où dominent désormais, comme dans le monde inversé et inverti de Lewis Carroll, ces trois propriétés que sont le mou, l'entre-deux et le saugrenu.

Dans l'ordre du mou, l'usage qui est fait dans la série *Le Groupe et la Famille* de la marbrure à la cuve, technique bien connue en reliure, mais exploitée aussi pour l'éveil des petits enfants ainsi qu'en art-thérapie notamment avec des autistes, montre à quel point Gaillard & Claude conçoit effectivement la fluidité comme une propriété essentielle de la peinture en tant que discipline capable d'initier à la souplesse et, pour paraphraser Duchamp encore, « soigner la gravité »[5] par l'humour et le hasard. Dans ces assemblages, le fait que les papiers marbrés, uniques à chaque « tirage » (tels un monotype ou un coup de dé), éclipsent par leur exubérance le très insipide comprimé de paracétamol, fût-il surdimensionné (tel un objet pop[6]), démontre à quel point leur démarche privilégie, à ce croisement du thérapeutique et du récréatif, le liquide au solide, l'artisanal à l'industriel, le bariolé au monotone ; même si les pôles antagonistes demeurent chez Gaillard & Claude inextricablement liés, comme le Yin & le Yang. Toujours au registre du mou, on soulignera aussi l'utilisation décalée (car politiquement incorrecte[7]) que le duo fait du polyuréthane souple dans la fabrication des bas-reliefs de la série *Baloney !*, et dont iel aime rappeler « l'imprégnation de la molécule dans notre environnement même intime, puisqu'elle entre dans la composition de notre pharmacopée anxiolytique ».[8] Pour notre part, nous remarquerons que la grande plasticité de ce matériau le classe parmi ce que les psychanalystes, à la suite de Marion Milner[9], ont nommé en ergothérapie le « medium malléable » ; substance molle susceptible d'être maltraitée par l'enfant qui y exprimera ainsi confortablement ces processus psychiques qu'on dit « transitionnels »[10]. Enfin, ce même goût du souple semble aussi expliquer le choix de Gaillard & Claude de reporter leur expérience des papiers marbrés à la surface encore plus fluide d'un tissu en molleton à partir duquel la *fashion designer*,

4 Note de Marcel Duchamp citée par Robert Lebel dans son article « L'Humour absurde de Marcel Duchamp », in : *Revue XXe siècle*, n°8 (double), janvier 1957.

5 En référence au « Soigneur de gravité », personnage allégorique du *Grand Verre* de Marcel Duchamp, non représenté dans l'œuvre, mais décrit dans les notes qui l'accompagnent.

6 On songe aux objets surdimensionnés de Claes Oldenburg.

7 Lire à ce propos l'interview de Gaillard & Claude par Patrice Joly publiée dans la revue en ligne *Zerodeux* : https://www.zerodeux.fr/news/gaillardclaude-2.

8 *Ibid.*

9 À la suite du concept de transitionnalité de Donald W. Winnicot, la psychanalyste anglaise Marion Milner, disciple de Melanie Klein, crée à la fin des années 1970 le concept de « medium malléable » (en anglais : *pliable medium*).

10 Le pédiatre et psychanalyste britannique Donald W. Winnicot définira dans les années 1950 l'objet transitionnel comme un objet choisi (par exemple, un ours en peluche) parfois par le petit enfant pour se représenter une présence rassurante (par exemple, sa mère) afin de l'aider à gérer l'angoisse que produit chez lui la transition du monde de la subjectivité (où il ne forme qu'un avec sa mère) au monde de l'objectivité (où il prend conscience de son existence individuelle et séparée).

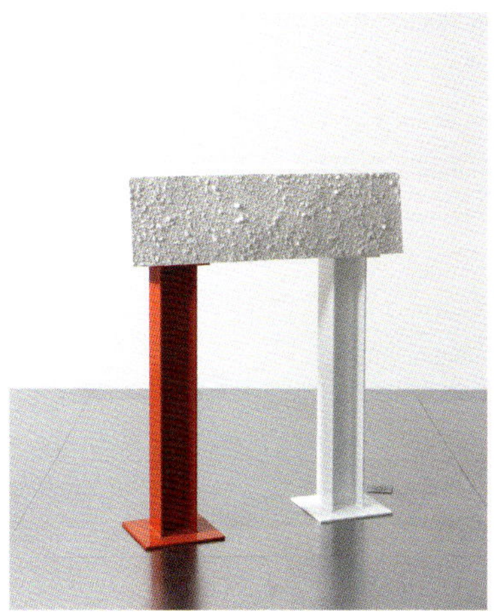

↑ *Untitled* de la série / **from the series** *Le Groupe et la Famille*, plâtre synthétique, HPN acier peint / **synthetic plaster, painted HPN steel**, 106,5 × 90 × 25 cm, 2012.
Photo : Fabrice Gousset

a.Knackfuss, aura confectionné leur édition limitée de survêtements unisexes, *Troubles for a French Horn and a Bongo.*[11]

Au registre de l'entre-deux, le groupe des instruments en plâtre que Gaillard & Claude fait parler (en *backstage* d'une salle de concert) dans *Oompah, Tom-tom, Tootle-too & Toot* apparaît comme un modèle « organique » du genre, révélateur d'une hybridation des corps qui réduit les écarts entre les espèces, entre les catégories, entre les genres, etc. Ainsi en est-il, pareillement aux objets de Lewis Carroll doués de la parole, mais encore de l'apparence humaine, de ce corps musical dont la forme initiale des « organes » aura été croisée avec celle d'un autre groupe ; humain, animal ou végétal. Au vu du bizarre émanant de ces métamorphoses apparentées à du surréalisme (on songe aux souliers-pieds de Magritte dans *Le Modèle rouge*, 1935), on comprend aisément que la source d'inspiration pour l'invention de cet orchestre ait été des instruments vernaculaires[12] dont l'air de famille est de posséder justement une morphologie s'écartant des normes classiques et philharmoniques. Dans cette curieuse famille à géométrie variable (en quintet ou en sextet, par exemple), l'ocarina – rarissime en musique savante[13] – figure comme l'instrument hybride par excellence, au sens où la forme de gland qui lui est assignée se mixe dans notre esprit à sa morphologie originale : celle, comme l'étymologie du mot le rappelle, d'une tête d'oie (en italien, *oca* : « oie »). Ce télescopage de deux formes, l'une naturelle et l'autre culturelle, comme dans le cas précis du « gland-ocarina », caractérise d'une manière générale les différentes sculptures en plâtre du groupe parmi lesquelles l'initié.e reconnaîtra d'autres *morphings* : flûte & os de pigeon, tambour à fente & dent, saxo & queue de singe. Cet art de l'entre-deux qui tient du jeu – comme on dit aussi en mécanique à propos d'un assemblage imparfait de deux

11 Ces survêtements ont été portés par diverses personnalités dans l'espace social de la FIAC (Paris, 2014). L'édition a été confectionnée à partir du rouleau de textile que Gaillard & Claude a préalablement exposé à Vitrine Gallery, Bermondsey Square à Londres.

12 Les instruments sont inspirés de la collection du Musée des Instruments de Musique de Bruxelles.

13 On retiendra comme rare présence de l'ocarina en musique savante, celle que lui accordent György Ligeti et Leoš Janáček.

pièces – est encore semblable à la fabrication en littérature de ces « mots-valises » qui, comme dans *Alice*, contournent la logique binaire (vrai/faux, beau/laid, mal/bien, fixe/mouvant, etc.) au profit d'expressions flottantes et ambiguës. Dans le contexte clivant d'une société contemporaine dominée par le simplisme ou le sophisme, Gaillard & Claude oppose ainsi dans *Baloney !* une alternative à la négation délibérément complexe et alambiquée en comparaison de l'étiquette commerciale « NON »[14] dont sont flanqués ironiquement leurs boudins grisâtres. Comme pour l'orchestre, le duo s'est inspiré encore d'une source appartenant à la culture vernaculaire, puisque le titre (anglais) de la série renvoie à une expression argotique qu'on traduira par « balivernes ! » ou, dans le bruxellois d'Hergé ou des Arumbayas[15], par l'interjection savoureuse « carabistouilles ! » Mais cette tentative de substitution d'un « non » exclusif et binaire par une formule de négation inclusive et souple passe surtout par la graphie déliée et baroque d'une gestuelle située, comme pour les papiers marbrés, dans un entre-deux flottant entre le sculptural et le scriptural : « L'objectif lointain, confiait Gaillard & Claude à propos de ces bas-reliefs en mousse, est de produire une analogie de l'écriture. En donnant du volume par des boucles, des nœuds et des suspensions, on touche à la courbe d'une consonne, d'une voyelle ou d'une esperluette. »[16]

En contournant des normes qui exercent une pression insidieuse sur le corps privé comme sur le corps social, Gaillard & Claude produit enfin une « saugrenuité » dont le piquant s'avère aussi déconcertant que la pointe d'un trait d'esprit surgissant du subconscient et faisant irruption dans le sens commun. Dans *Le Groupe et la Famille*, le surdimensionnement du comprimé de paracétamol qui déroge à sa norme ISO (lui imposant une fabrication et un format standard) déroute par l'image dérangeante qu'il convoque d'un antidouleur administré collectivement. Formulerait-il alors de cette façon ironique la critique d'institutions au service de ce que Michel Foucault nomme le « biopouvoir », ou à la botte d'une économie globalisée qui homogénéise à grande échelle ses productions industrielles afin de les administrer massivement à l'ensemble du corps social ? Homemade, le comprimé démesuré devient en tous cas le symbole d'un hors norme qui s'oppose – tel le non-sens à la raison – à la commune mesure, à la permanence de l'objet et à l'uniformisation moderniste assignant les individus à des identités fixes ou regroupées, comme le suggère la forme ronde de cette « pilule collective ». De même, le jet plein flexible des « *Baloneys* » qui rappelle, par sa forme et sa texture, la pâte de pigment sortant ready-made d'un tube de peinture souple, ne serait-il pas la critique facétieuse des normes en matière non seulement de conditionnement industriel, mais aussi de goût culturel, par son côté « *Bad Painting* » ? Quoi qu'il en soit, comme dans *Alice*, les choses ont changé de forme comme d'échelle dans les œuvres de Gaillard & Claude, où ces deux

14 À ce propos, Gaillard & Claude évoque l'idée d'une omniprésence du « marketing du non » dans la société actuelle.

15 Hergé, *L'Oreille cassée*, Tournai, Casterman, 1937 .

16 Patrice Joly, interview de Gaillard & Claude, in : https://www.zerodeux.fr/news/gaillardclaude-2.

variables sont d'ailleurs inextricablement liées ; un tambour prenant l'apparence d'une dent qui, conservant sa fonction d'instrument dans l'orchestre, voit nécessairement son échelle adaptée à ce dernier : une dent certes géante, mais surtout « jouable » comme instrument. Car l'incongru n'est jamais ici propriété absolue, mais toujours affaire d'écart par rapport à la norme ; au sens étymologique de rectitude (en grec, *norma* : l'équerre), mais aussi au sens statistique de moyenne que le terme prendra ensuite dans un esprit moins déterministe pour désigner le probable, le commun, le banal, le régulier. C'est pourquoi du point de vue plastique, on parlera plutôt d'anomalies (en grec, *omalos* : lisse, uniforme) à propos de ces œuvres de Gaillard & Claude dont les surfaces présentent des irrégularités ou des aspérités disons « baroques » (en portugais, *barroco* : perle irrégulière). En ce sens, l'un des exemples les plus frappants de cette attaque des normes par l'anomalie baroque – ou post-moderne ? – est la texture rugueuse en « muesli » des sculptures sur poutrelles métalliques IPN ou HPN produites par le duo dans le cadre de la série *Le Groupe et la Famille* et assimilées en écho à leurs « pilules collectives » à des « architectures collectives » agencées comme une cité.[17] À la surface des papiers marbrés, ce sont aussi les imperfections qui affleurent des nappes de pigment et émergent de leur texture comme des plis ou des lacunes ; signes de microaccidents survenus dans leur confection, insignifiants, mais retenus pour cette même raison justement par Gaillard & Claude comme une chose précieuse. Ailleurs encore, à la surface lissée des plâtres de Paris, ce sont les orifices, les fentes ou les becs qui troublent la morphologie en elle-même hybride des pseudo-instruments par leurs connotations érotiques ou, dans le cas des trous de l'ocarina-gland, par les divers écarts poétiques liés curieusement à leur nombre : 1 pour la perforation d'un charançon, 2 pour les points d'un dé, 3 pour l'abc d'un groupe[18], 4 pour les boutons d'une redingote.

On le voit, c'est toujours la commune mesure, la permanence de l'objet et l'uniformisation moderniste que la pratique de Gaillard & Claude critique à travers une extravagance qui rappelle cet adepte emblématique du *nonsense*, Humpty Dumpty, l'œuf à la cravate qui, assis sur son mur, règne sur une région précédant tout sens commun et attribue souverainement du sens au non-sens ; lui dont Deleuze dit qu'il est « la simplicité royale, le Maître des mots, le Donateur du sens, qui détruit l'exercice du sens commun, distribuant les différences de telle manière qu'aucune qualité fixe, aucun temps mesuré ne se rapportent à un objet identifiable ou reconnaissable : lui, dont la taille et le cou, la cravate et la ceinture se confondent – manquant autant de sens commun que d'organes différenciés, uniquement fait de singularités mouvantes et "déconcertantes" ».[19]

17 D'après un échange d'e-mails avec les artistes durant la rédaction de cet article.

18 Ce déchiffrage poético-numérique correspond à des informations transmises par les artistes, hormis pour le chiffre 3 qui renvoie à la signification qu'en donne Marcel Duchamp à propos des *3 Stoppages-étalon* (1913) : « Pour moi le chiffre trois a une importance, mais pas du tout du point de vue ésotérique, simplement du point de vue numération : un, c'est l'unité, deux c'est le double, la dualité, et trois c'est le reste. » (Pierre Cabanne, *Entretiens avec Marcel Duchamp*, Paris, Pierre Belfond, 1967, p. 81.)

19 Gilles Deleuze, *op. cit.*, Paris, Éditions de Minuit (Coll. Critique), 1982, p. 98.

Pas-de-Sens

Denis Gielen

Because points of incongruity appear and, with their very creation, signs of eccentricity also (such as the unorthodox use of paracetamol or urethane), the artworks produced by Gaillard & Claude contribute to an aesthetic that in certain respects is reminiscent of nonsense, a literary genre that achieved its stylistic height in Victorian England through the work of Lewis Carroll. In their book *Oompah, Tom-tom, Tootle-too & Toot* (2017), a kind of photo-novel with dialogue written by Lili Reynaud Dewar, pseudo-musical instruments in plaster of Paris (whose onomatopoeic, alliterated names evoke the world of children's stories[1]) are endowed with speech for example, just like the playing cards or chess pieces in the *Alice* books. Likewise, their bizarre morphologies are also reminiscent of the metamorphoses of the games that Lewis Carroll imagined to amuse Alice, for example, by transforming the traditional game of croquet into an almost impractical sport, the balls becoming hedgehogs which uncurl and flee, and the mallet a flamingo with a recalcitrant, twisting neck. But above all, this aesthetic of the absurd is of a similar nature; biting and raunchy like wit or the "pas-de-sens" (that Lacan spoke of) which, arising from the subconscious, pierces the language of "common sense" and "common meaning" and makes sense nevertheless.[2] Because nonsense, as Gilles Deleuze expressed in other terms, necessarily injects meaning into nonsense. "Nonsense is that which has no sense, and that which, as such and as it enacts the donation of sense, is opposed to the absence of sense."[3] Transposed into the visual language of

1 In relation to this, we note that the publication *Oompah, Tom-tom, Tootle-too & Toot* was inspired by the children's book *Tak Tak le Teckel* (1962) with its alliterative title.

2 In 1957 Jacques Lacan invented the neologism "pas-de-sens" (step-of-sense), which he preferred to the term "non-sens" (nonsense): "'Pas-de-sens'—just as one says 'pas de vis', screw thread, 'pas de quatre', four step, 'Pas-de-Suse', the Pass of Susa, or the 'Pas de Calais', the Strait of Dover." *Formations of the Unconscious: The Seminar of Jacques Lacan, Book V*, ed. Jacques-Alain Miller trans. Russell Grigg (Cambridge: Polity Press, 2017), p. 89.

3 Gilles Deleuze, *The Logic of Sense*, trans. Mark Lester (London: Athlone Press, 1990), p. 71.

Gaillard & Claude, this "donation of sense" essentially involves a relaxation of the rules and standards governing and regulating our relationship to the world, and leads to an art of anomalies and exceptions which ultimately redefines not so much the boundary between meaning and nonsense as the border between normality and abnormality. Inherited from pataphysics, the *3 Standard Stoppages* with which Duchamp chose from the early twentieth century to "slightly distend the laws of physics and chemistry"[4] thus appear as both the canonical and ironic model of this creative process where, as in the inverse and inverted world of Lewis Carroll, the three properties of slackness, in-betweenness and absurdity now dominate.

By way of slackness, Gaillard & Claude's use of paper marbling (a well-known technique in bookbinding, but also used for early-childhood learning as well as in art therapy, particularly with autistic people) in *Le Groupe et la Famille* (The group and the family) series demonstrates the extent to which the artists envisage fluidity as an essential property of painting, a discipline capable of initiating flexibility and, to paraphrase Duchamp again, "handling gravity"[5] through humour and chance. In these assemblages, the fact that through their exuberance, the marbled papers, which are unique to each "print" (like a monotype or throw of the dice), eclipse the very insipid paracetamol tablet, albeit oversized (like a pop object[6]), demonstrates the extent to which Gaillard & Claude's approach, half way between therapy and recreation, favours the liquid to the solid, the artisanal to the industrial and the colourful to the monotonous, whilst the antagonistic poles remain inextricably linked in their work, like Yin & Yang. In the same register of slackness, we would also emphasise the off-beat (because it is politically incorrect[7]) use that the duo makes of flexible polyurethane in their production of the bas-reliefs in the *Baloney!* series, of which they like to recall "the impregnation of the molecule in our most intimate environment, since it enters into the composition of our anxiolytic pharmacopoeia".[8] For our part, we note that the great plasticity of this material classifies it among what psychoanalysts, following Marion Milner,[9] have called in occupational therapy the "pliable medium", a soft substance likely to be reappropriated by the child who will thus comfortably express these so-called "transitional" psychic processes.[10] Finally this same taste

4 Note by Marcel Duchamp cited by Robert Lebel in his article "L'Humour absurde de Marcel Duchamp", *Revue XXe siècle*, no. 8, (January 1957).

5 A reference to the "Handler of Gravity", an allegorical figure from Duchamp's *Large Glass*, not represented in the work, but described in the accompanying notes.

6 We are reminded of Claes Oldenburg's oversized objects.

7 On this subject, see the interview with Gaillard & Claude by Patrice Joly: *Zerodeux*: https://www.zerodeux.fr/news/gaillardclaude-2.

8 Ibid.

9 Pursuing Donald Winnicott's concept of transitionality, the English psychoanalyst Marion Milner, a disciple of Melanie Klein, created the concept of pliable medium in the late 1970s.

10 In the 1950s the British paediatrician and psychoanalyst Donald W. Winnicott defined the transitional object as an object (for example a teddy bear) sometimes chosen by the small child to represent a reassuring presence (for example their mother) in order to help overcome anxiety that arises in them from the transition from the subject world (in which they identify entirely with their mother) to the objective world (in which they become aware of their individual, separate existence).

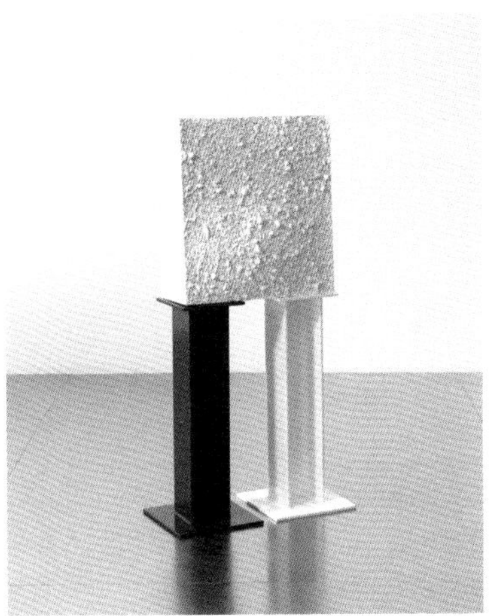

↑ *Untitled* de la série / **from the series** *Le Groupe et la Famille*, plâtre synthétique, HPN acier peint / **synthetic plaster, painted HPN steel**, 101,5 × 53 × 25 cm, 2012.
Photo : Fabrice Gousset

for suppleness also seems to explain Gaillard & Claude's choice to transfer their experience with marbled papers to the even more fluid surface of fleece fabric, from which the fashion designer, a.Knackfuss, made their limited edition unisex track-suits, *Troubles for a French Horn and a Bongo*.[11]

In the register of the in-between, the group of plaster instruments that Gaillard & Claude make speak (in the back-stage of a concert hall) in *Oompah, Tom-tom, Tootle-too & Toot* appears as an "organic" example, revealing a hybridisation of bodies that reduces the divide between species, categories, genres and so on. Similar to Lewis Carroll's objects, which are endowed not only with speech, but also human appearance, much the same can be said of this musical body whose initial form of "organs" has been crossed with that of another group, be it human, animal or plant. Given the bizarreness emanating from these rather surrealist metamorphoses (we are reminded of Rene Magritte's shoe-feet in *The Red Model*, 1935), it is easy to understand that the source of inspiration for the invention of this orchestra was vernacular instruments,[12] whose family resemblance is precisely that their morphology deviates from classical, philharmonic norms. In this curious family with variable geometry (a quintet or sextet, for example), the ocarina—extremely rare in formal music[13]—appears as the hybrid instru-ment par excellence, in the sense that the acorn shape assigned to it is confused in our mind with its original morphology, that of a goose's head, as the etymology of the word reminds us (in Italian *oca* means "goose"). This telescoping of two forms, one natural and the other cultural, as in the specific case of the "acorn-ocarina", generally characterises the various plaster sculptures of the group among which the initiated will recognise

11 These sweatsuits have been worn by several personalities in the social space at FIAC (Paris, 2014). The limited edition was made from a roll of fabric previously exhibited by Gaillard & Claude at Vitrine, Bermondsey Square, London.

12 The instruments were inspired by the collection of the Musical Instruments Museum in Brussels.

13 We note, like the rare presence of the ocarina in formal music, the place given to the ocarina by György Ligeti and Leoš Janáček.

other morphs: flute & pigeon bone, slit drum & tooth, sax & monkey tail. This art of in-between, which resembles play—a term also used in mechanics to speak about an imperfect assembly of two parts—is also similar to the construction in literature of "portmanteau words" which, as in *Alice*, bypass binary logic (true/false, beautiful/ugly, bad/good, fixed/moving, etc.) in favour of floating, ambiguous expressions. In the divisive context of a contemporary society dominated by simplism or sophistry, in *Baloney!* Gaillard & Claude thus propose an alternative to the deliberately complex, convoluted negation, compared with the commercial label "NON",[14] which is ironically flanked by their greyish sausages. As with the orchestra, the duo were again inspired by a source belonging to vernacular culture, since the title of the series refers to a slang expression that is synonymous with "nonsense!", as well as referring to a type of sausage. But this attempt to substitute an exclusive, binary "no" with an inclusive, flexible formula of negation is mainly achieved through the looping, baroque graphics of a gesture situated, as with the marbled papers, in an in-between, floating between sculpture and script. As Gaillard & Claude confessed about these foam bas-reliefs: "The distant objective was to produce an analogy of writing. By giving volume with curls, knots and suspensions, we touch the curve of a consonant, a vowel or an ampersand."[15]

By circumventing norms that exert an insidious pressure on both the individual and the social body, Gaillard & Claude ultimately produce an "absurdity" whose sting turns out to be as disconcerting as the tip of a witticism emerging from the subconscious and bursting into common sense. In *Le Groupe et la Famille*, the oversized paracetamol tablet, which deviates from its ISO norm (that stipulates its standard manufacturing procedure and format), is disconcerting because of the disturbing image it conjures up of a collectively administered pain reliever. Could it then be ironically formulating the criticism of institutions at the service of what Michel Foucault calls "bio-power", or which are under the thumb of a globalised economy that homogenises its industrial production on a wide scale in order to administer it massively to the entire social body? In any case, the disproportionate homemade tablet becomes the symbol of an abnormality that contrasts—like nonsense to reason—with the standard size, the permanence of the object and the modernist standardisation that assigns fixed or group identities to individuals, as the round shape of this "collective pill" suggests. Likewise, could the solid, flexible jet of *Baloney!*, whose shape and texture recall the pigment paste that exudes ready-made from a flexible paint tube, be the facetious criticism of standards not only of industrial packaging, but also of cultural taste, with its air of "Bad Painting"? However this may be, as in *Alice*, form and scale are altered in Gaillard & Claude's works, where these two variables are inextricably linked: a drum takes on the appearance of a tooth which, retaining its function

14 In relation to this, Gaillard & Claude evoke the notion of an omnipresence of "negative marketing" in our present-day society.

15 Patrice Joly interview: https://www.zerodeux.fr/news/gaillardclaude-2.

as an instrument in the orchestra, necessarily sees its scale adapted to the latter; it is an admittedly giant tooth, but above all it is "playable" as an instrument. For incongruity is never an absolute property here, but always a matter of deviation from the norm; in the etymological sense of rectitude (in Greek, *norma*: the right angle), but also in the statistical sense of average, which the term later adopted in a less deterministic spirit to designate what is probable, common, banal or regular. This is why from a visual perspective, we would speak more of anomalies (in Greek, *homalos*: smooth, uniform) with regard to these works by Gaillard & Claude, whose surfaces present irregularities or asperities referred to as "baroque" (in Portuguese *barroco* means "irregular pearl"). In this sense, one of the most striking examples of the attack on standards by the baroque—or postmodern?—anomaly is the rough, "muesli" texture of the sculptures on IPN or HPN metal beams which the duo produced as part of the series *Le Groupe et la Famille*, echoing their "collective pills" and assimilated to "collective architectures" arranged like a city.[16] On the surface of the marbled papers, imperfections also appear on the layers of pigment and emerge from their texture as folds or gaps. Gaillard & Claude treat these insignificant signs of micro-accidents that occur in their formation as something precious precisely for this reason. Elsewhere, on the smooth plaster of Paris surfaces, the orifices, slits or beaks disturb the hybrid morphology of pseudo-instruments through their erotic connotations or, in the case of ocarina-acorn holes, by the various poetic deviations curiously linked to their number: one for the perforation of a weevil, two for the dots of a die, three for the basic principle of a group,[17] and four for the buttons of a frock coat.

As we can see, Gaillard & Claude's practice always criticises the standard measure, the object's permanence and modernist standardisation through an extravagance reminiscent of that emblematic follower of nonsense, Humpty Dumpty, the egg in the tie who, sitting on his wall, reigns over a domain preceding all common sense and supremely attributes meaning to nonsense. Deleuze describes him as "royal simplicity, the Master of words, the Giver of sense. He destroys the exercise of common sense, as he distributes differences in such a manner that no fixed quality and no measured time are brought to bear upon an identifiable or recognisable object. Humpty Dumpty (whose waist and neck, tie and belt are indiscernible), lacks common sense as much as he lacks differentiated organs; he is uniquely made of shifting and 'disconcerting' singularities."[18]

16 Taken from an e-mail exchange with the artists while writing this article.

17 This poetic-digital decoding corresponds to information transmitted by the artists, except for the digit 3, which refers to the meaning given to it by Marcel Duchamp in relation to *3 Standard Stoppages* (1913): "For me the number three is important, but simply from the numerical, not the esoteric point of view: one is unity, two is double, duality, and three is the rest." In Pierre Cabanne, *Dialogues with Marcel Duchamp*, trans. Ron Padgett (Cambridge, MA: Da Capo Press, 2009), p. 47

18 Deleuze, *The Logic of Sense*, p. 80.

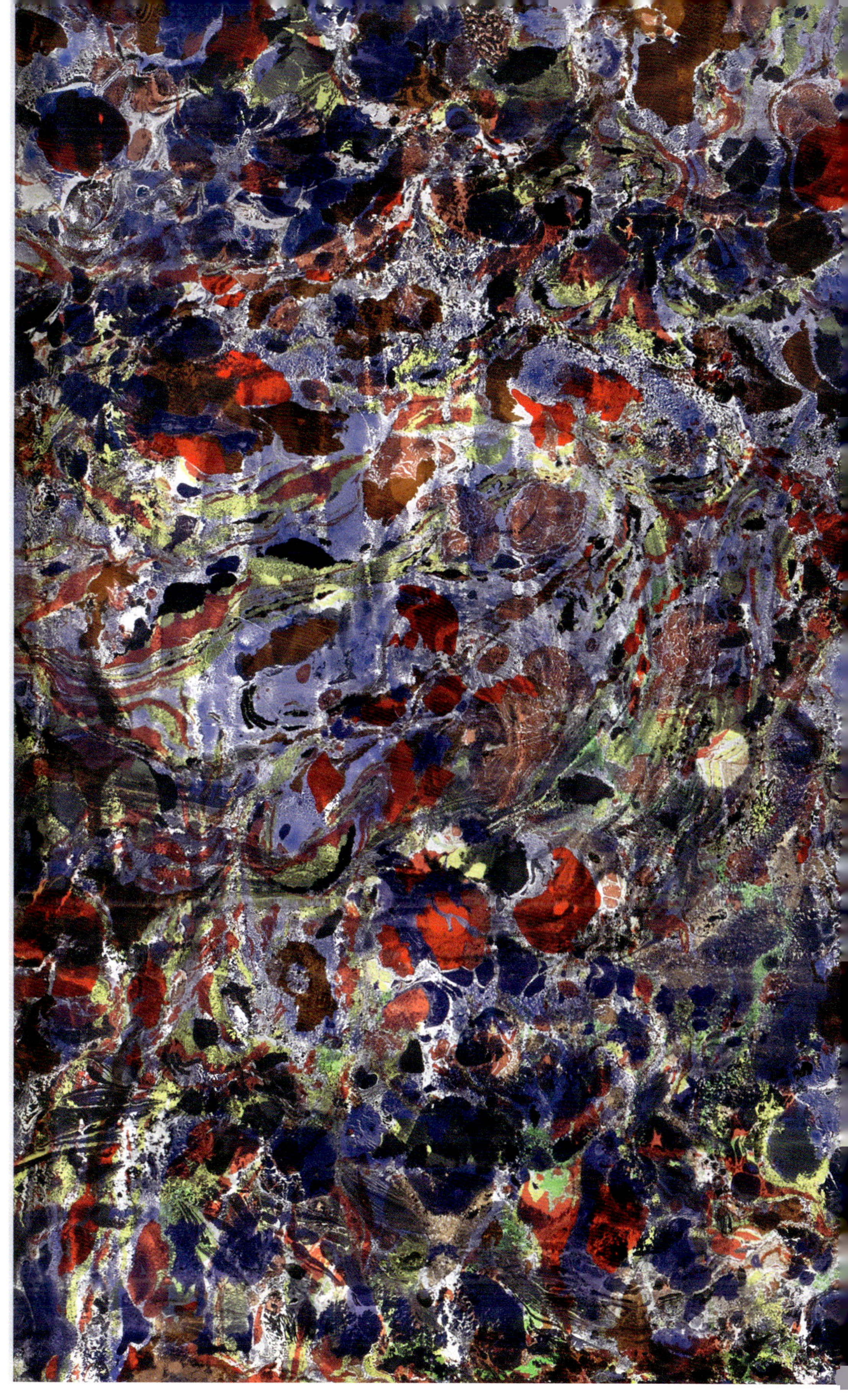

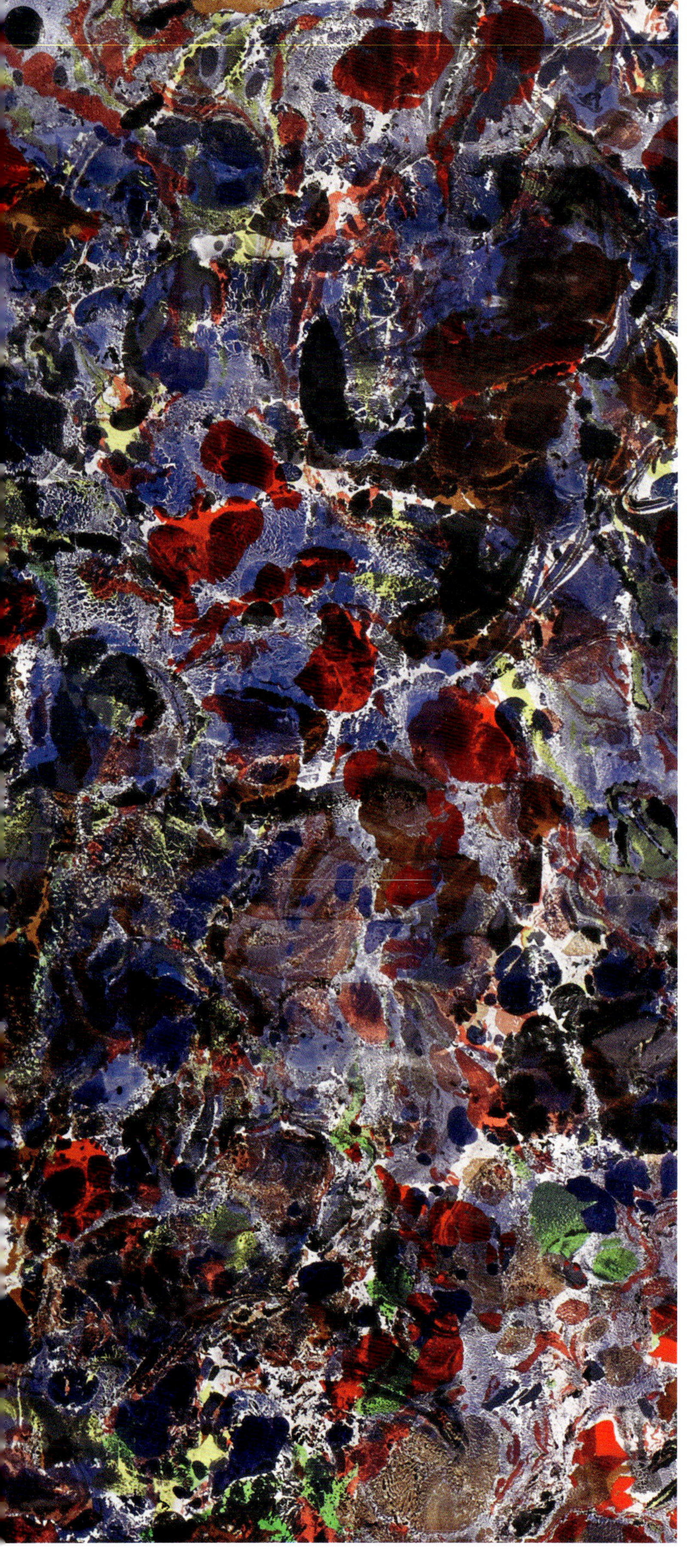

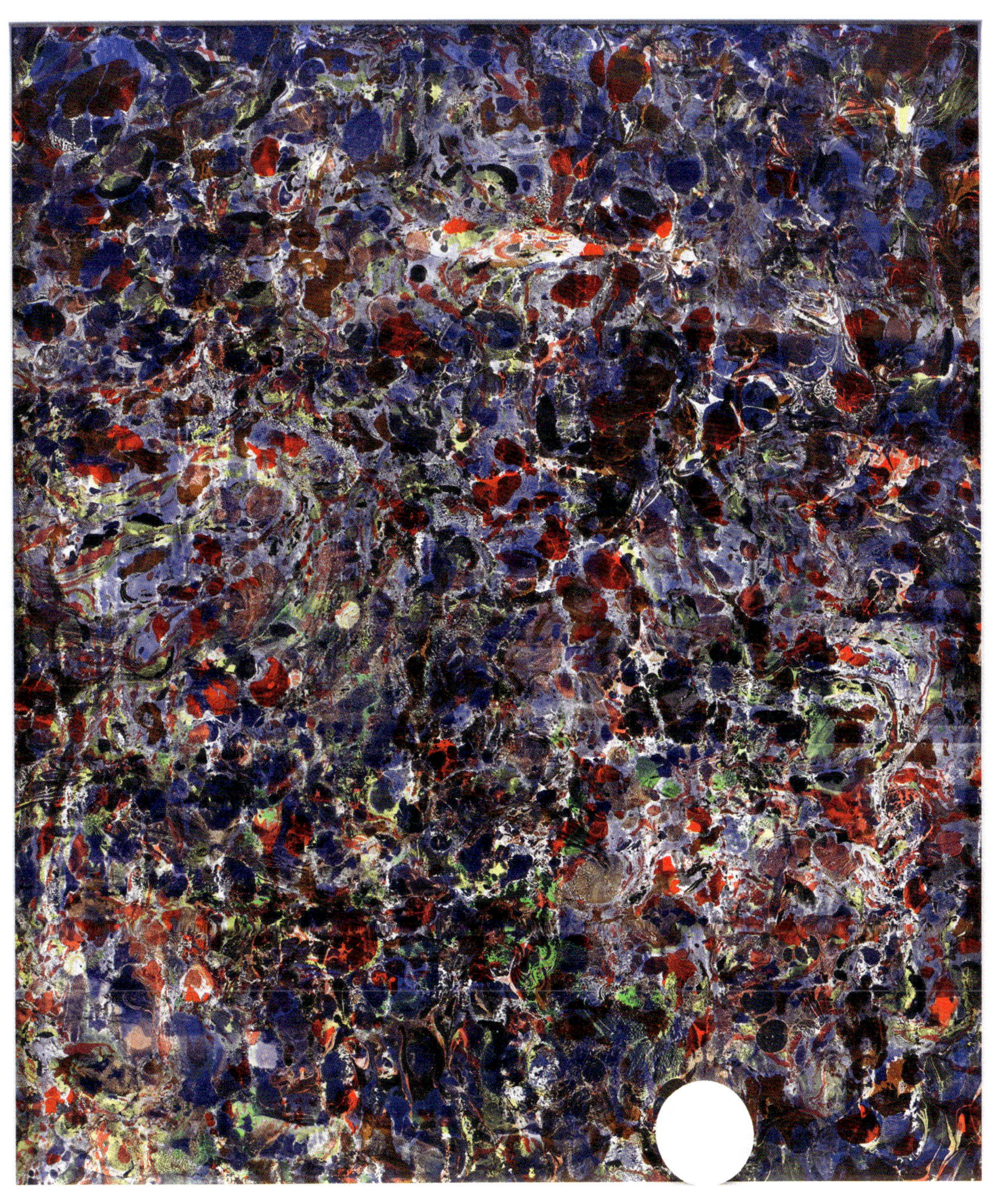

Le Groupe et la Famille D10-S04, 2012

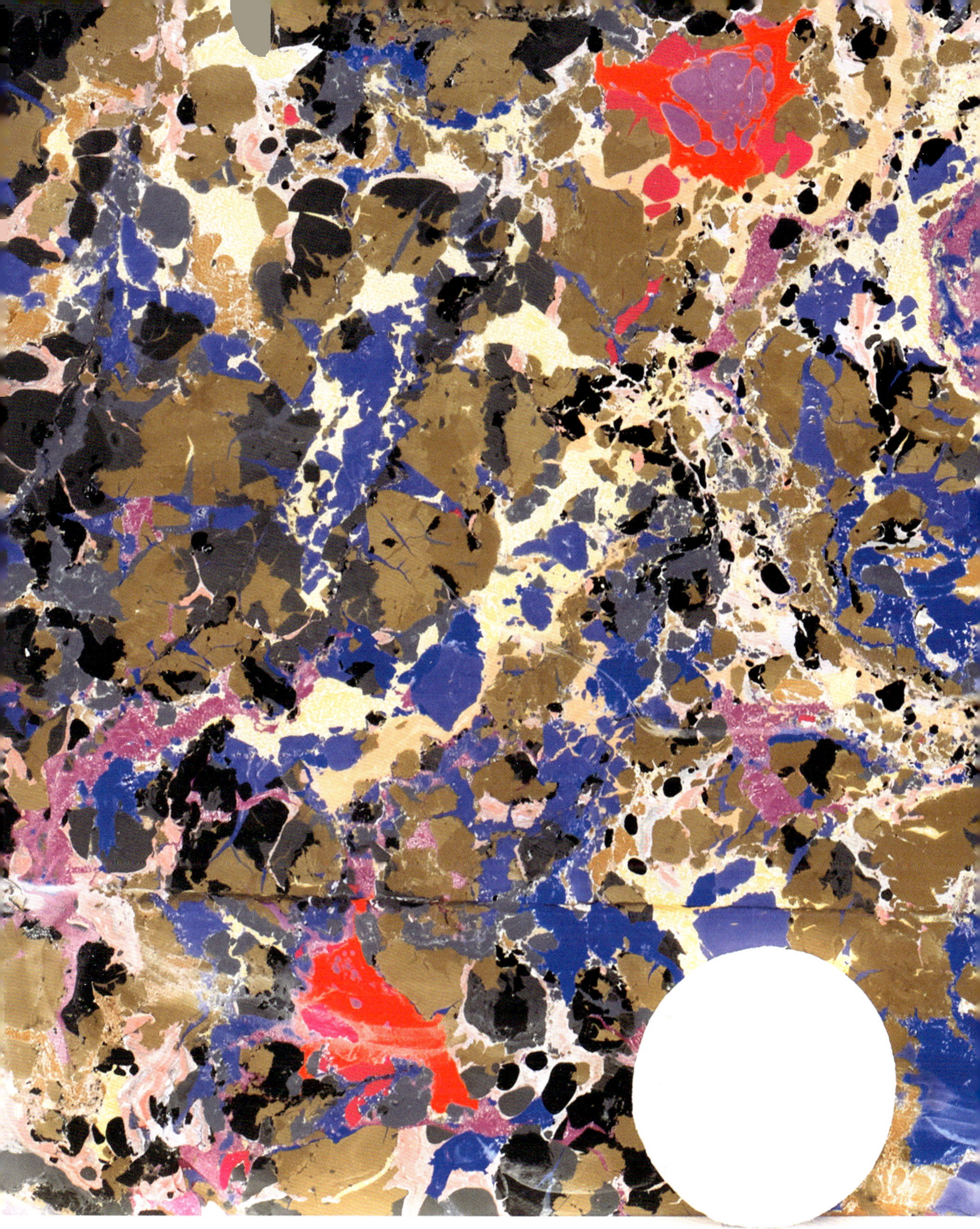

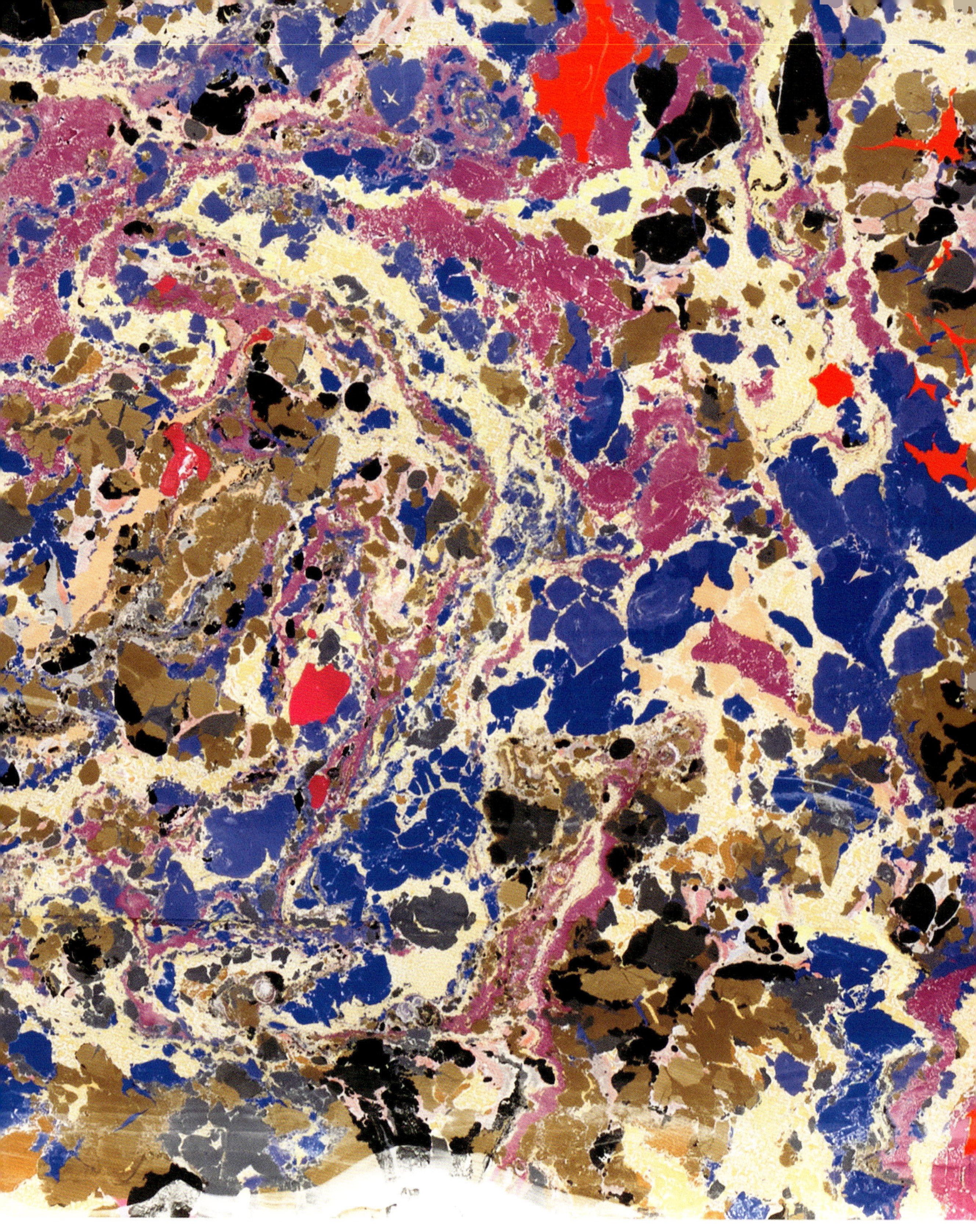

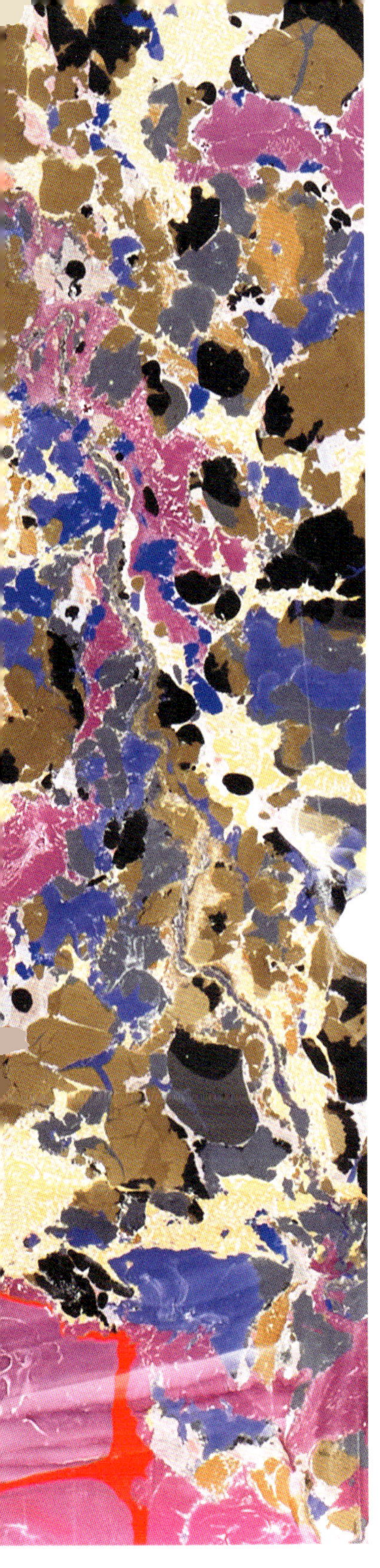

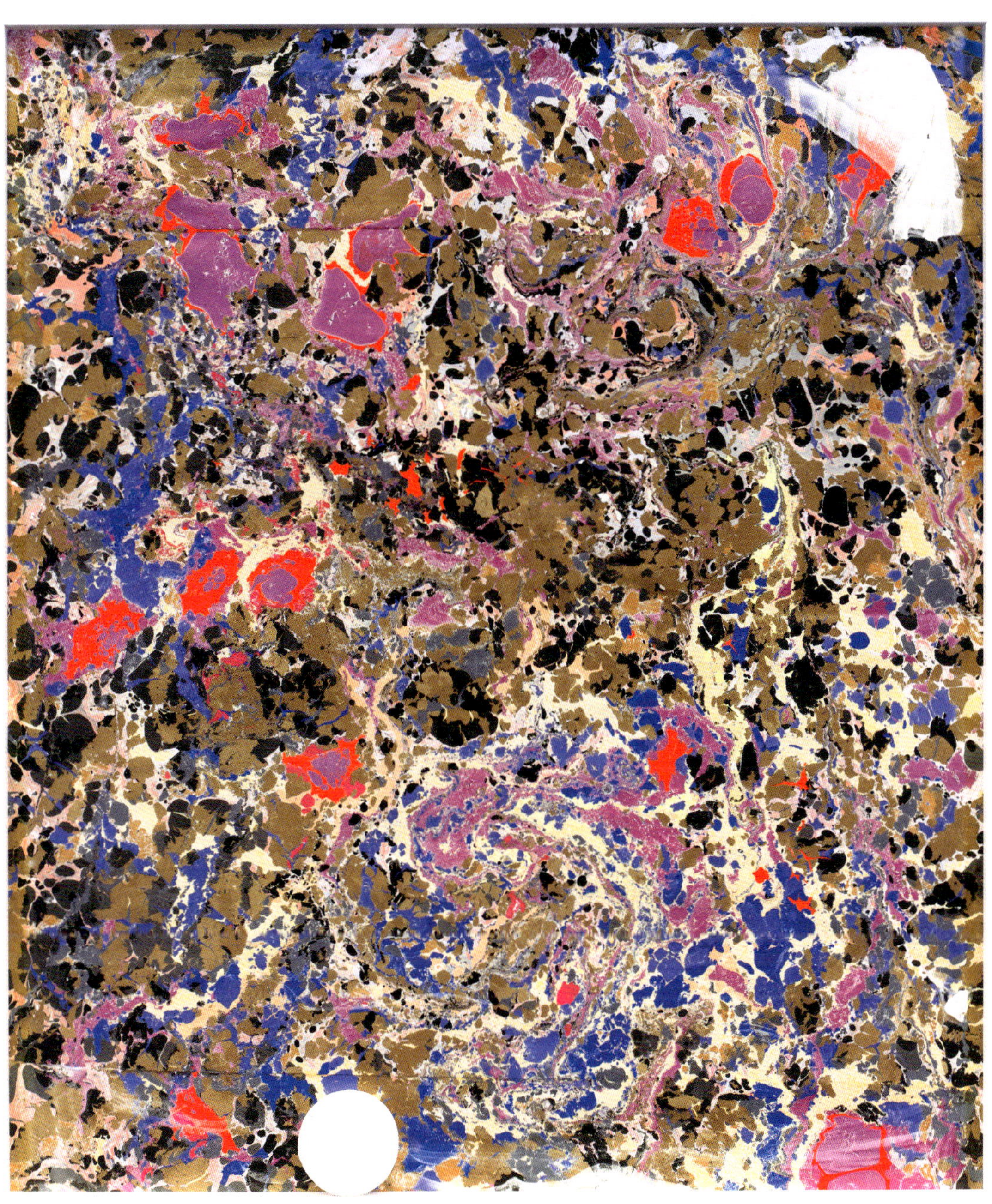

Le Groupe et la Famille S14, 2011

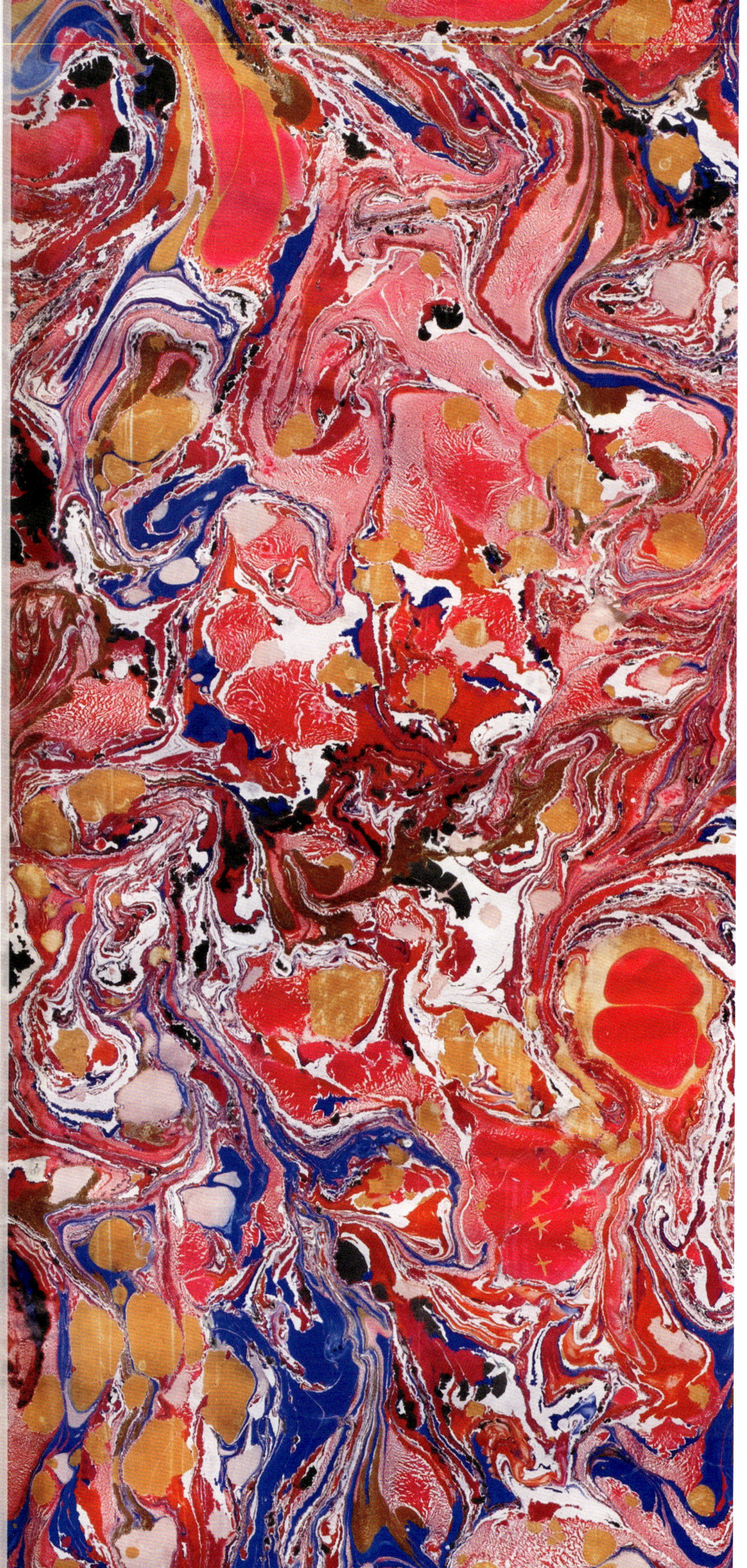

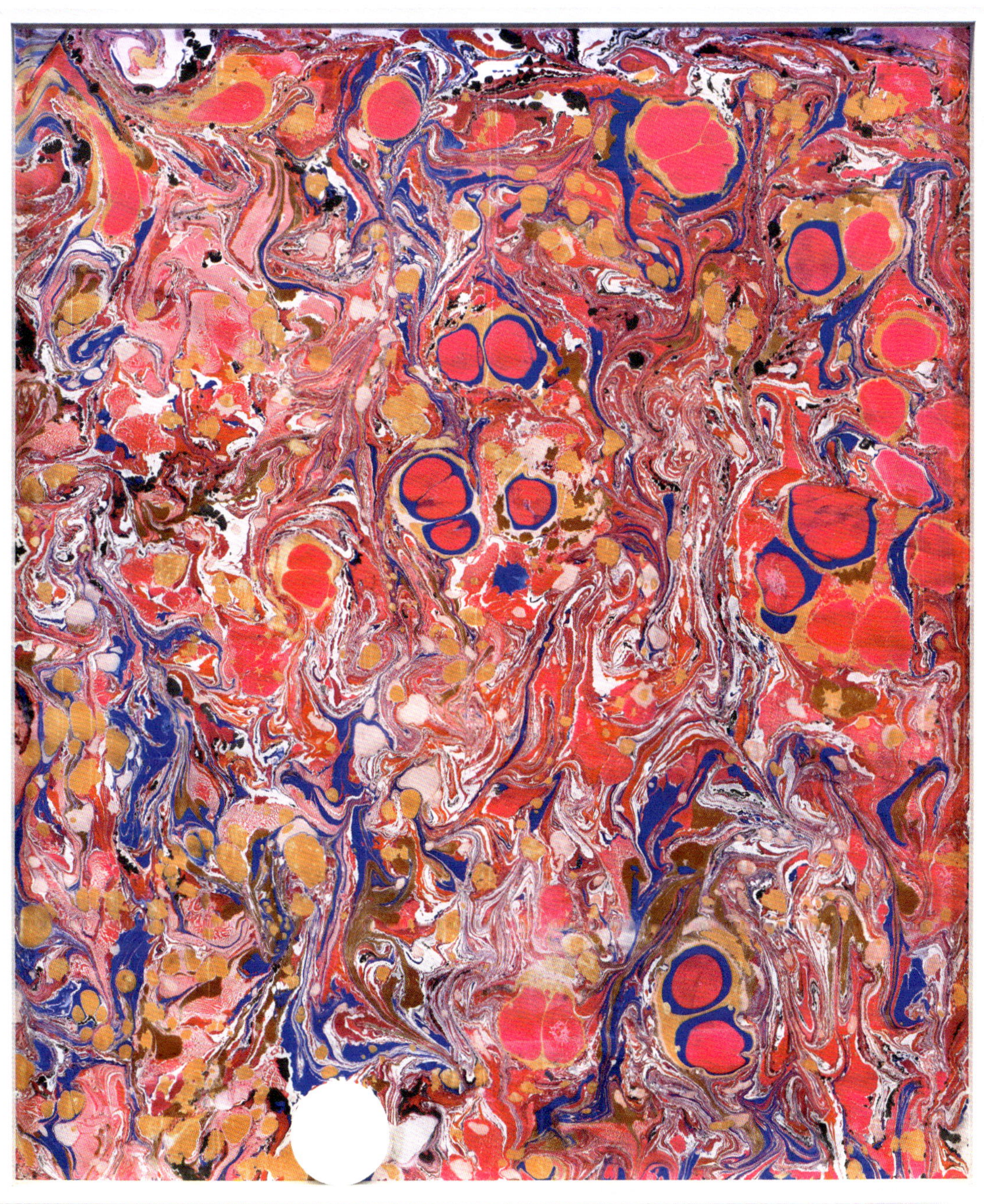

Le Groupe et la Famille S01, 2010

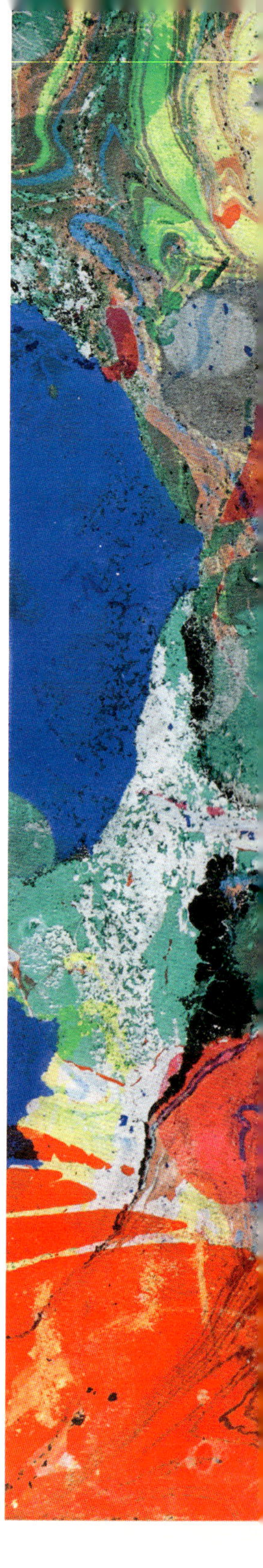

Le Groupe et la Famille D01, papier à la cuve original et pilule de paracétamol 250 gr / Marbling paper and 250 gr. paracetamol pill, 123 × 143 × 6 cm, 2010

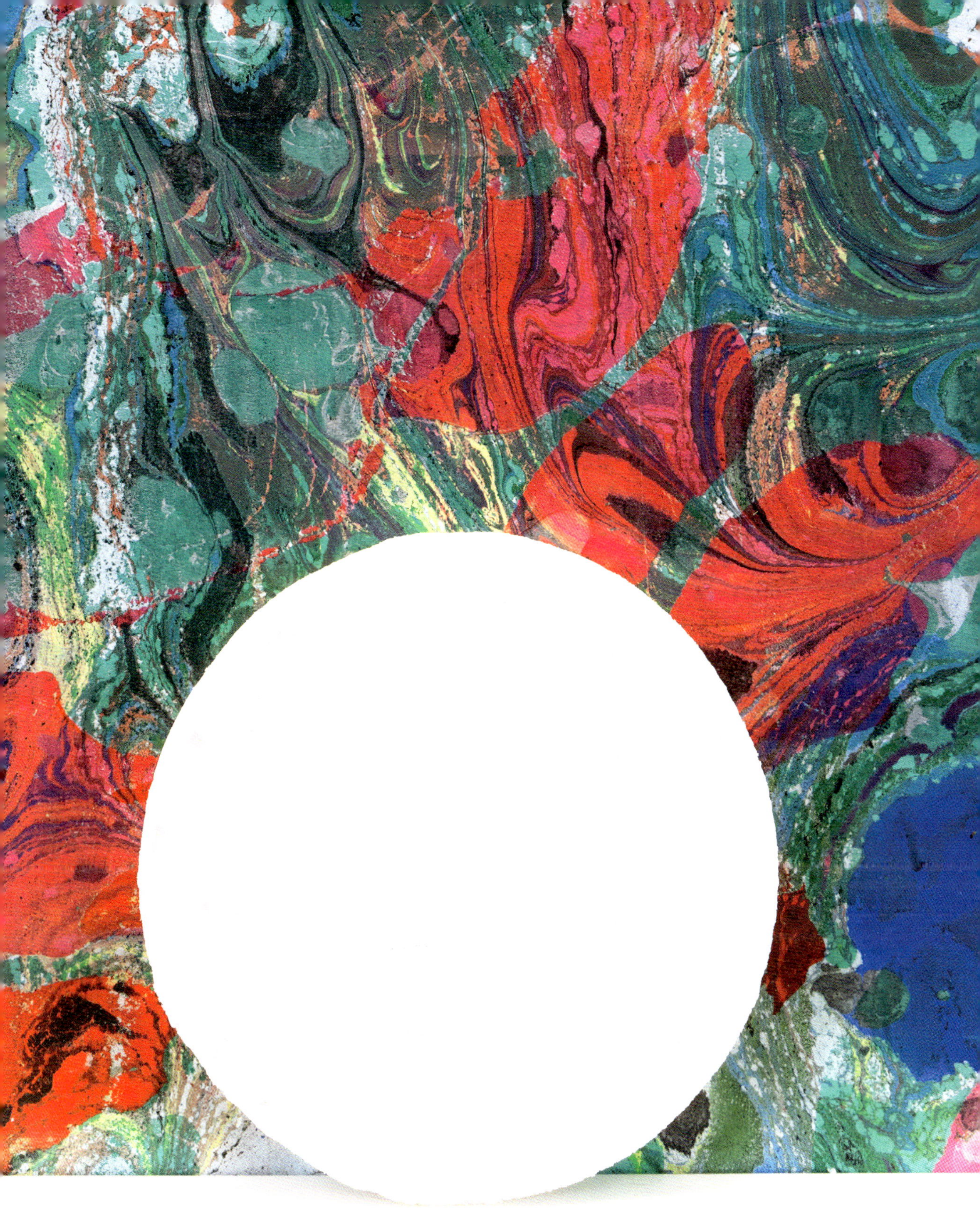

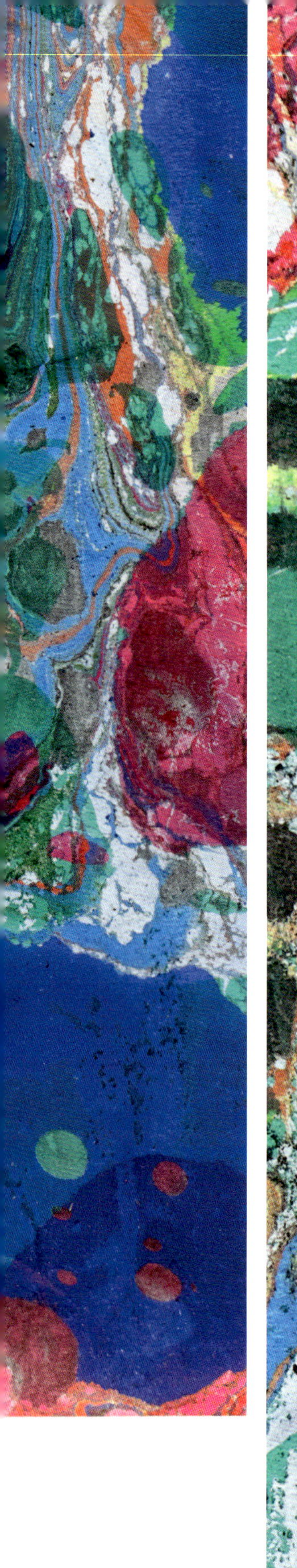

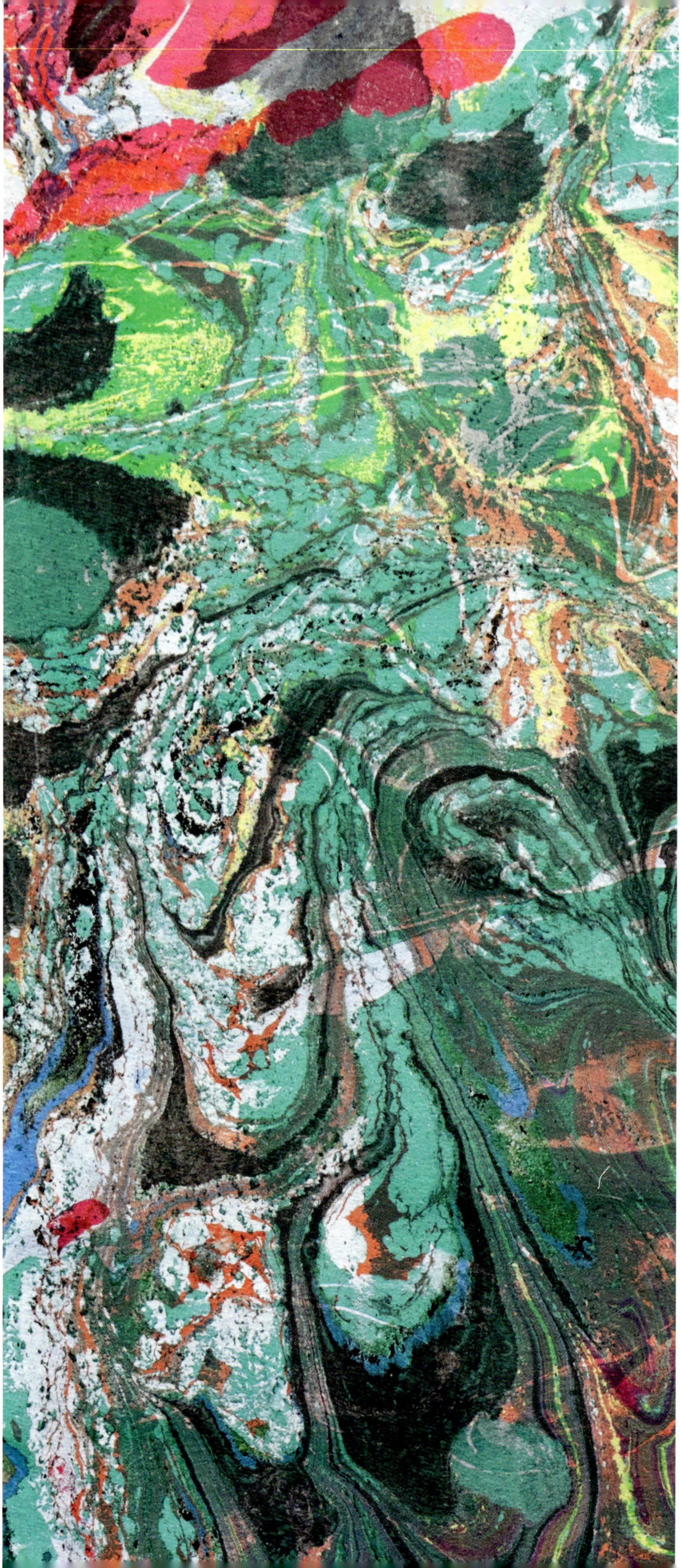

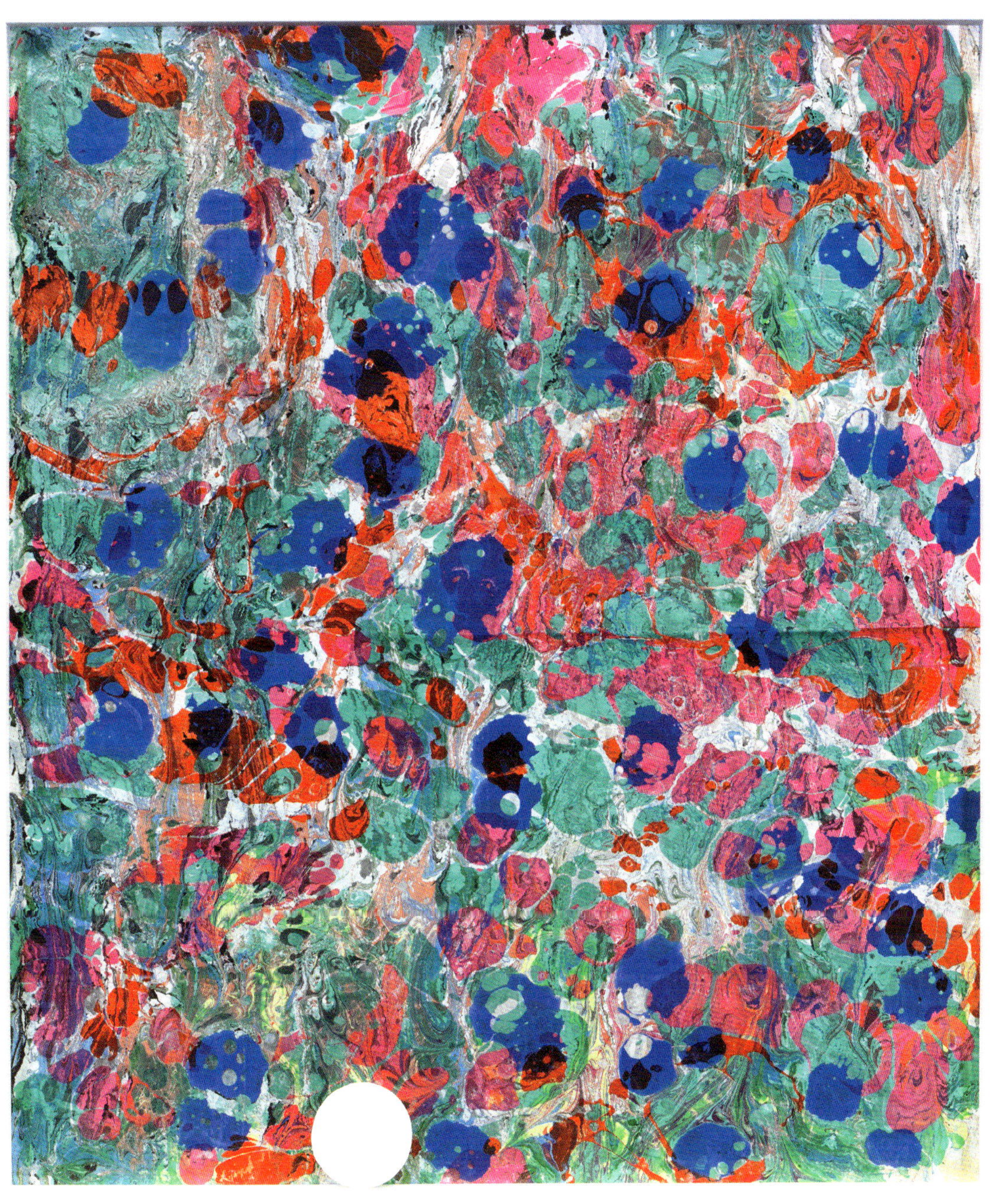

Le Groupe et la Famille D01, 2010

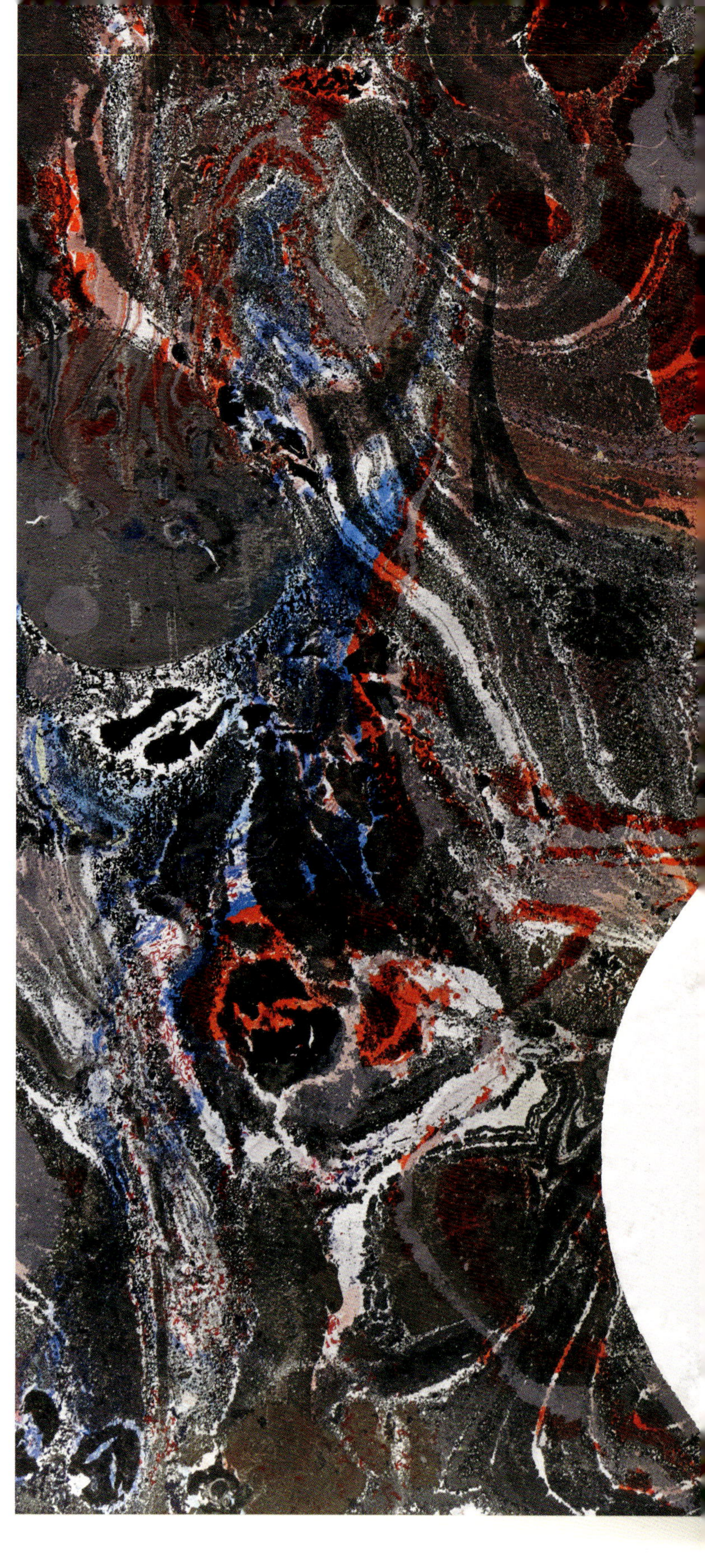

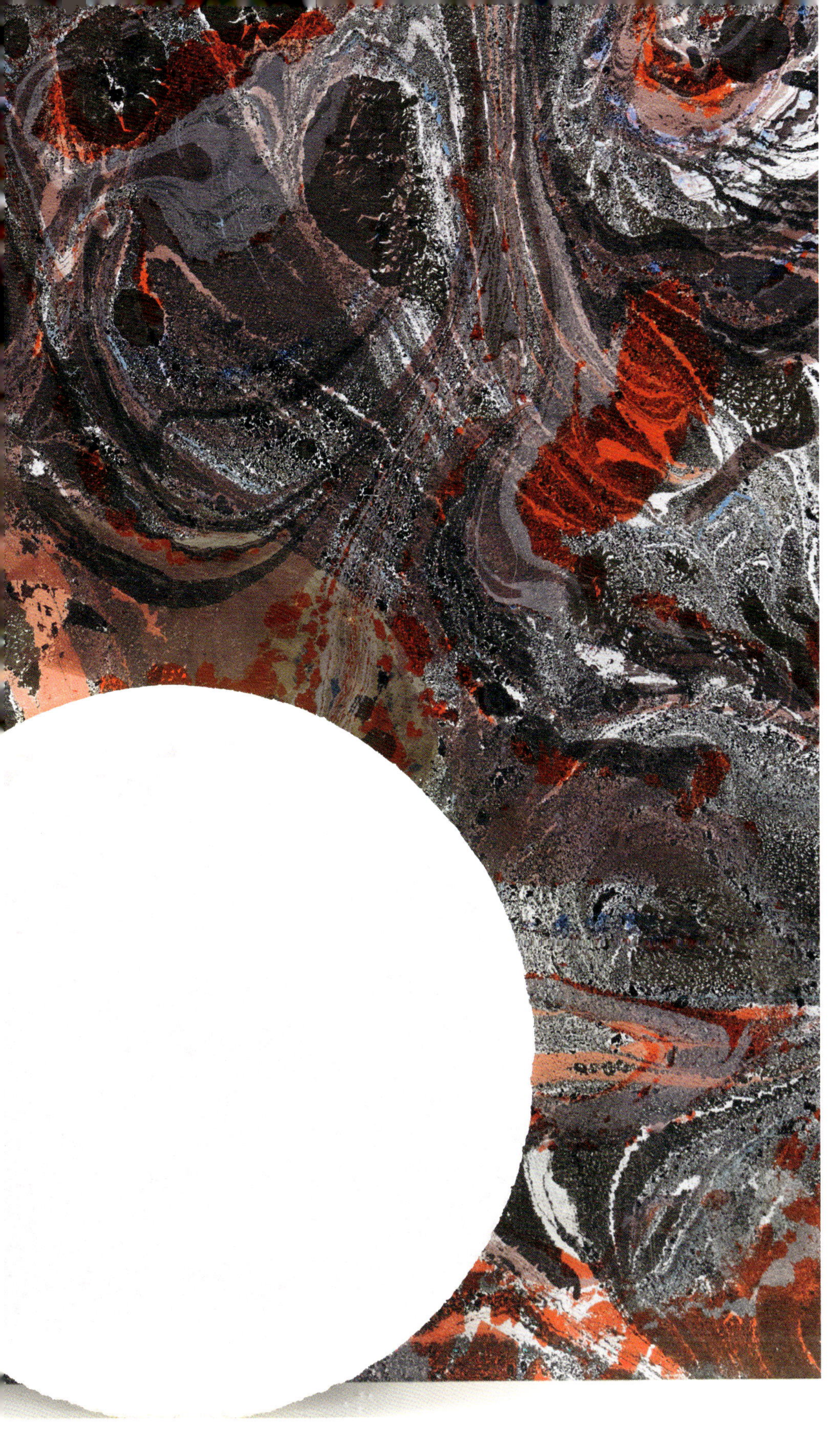

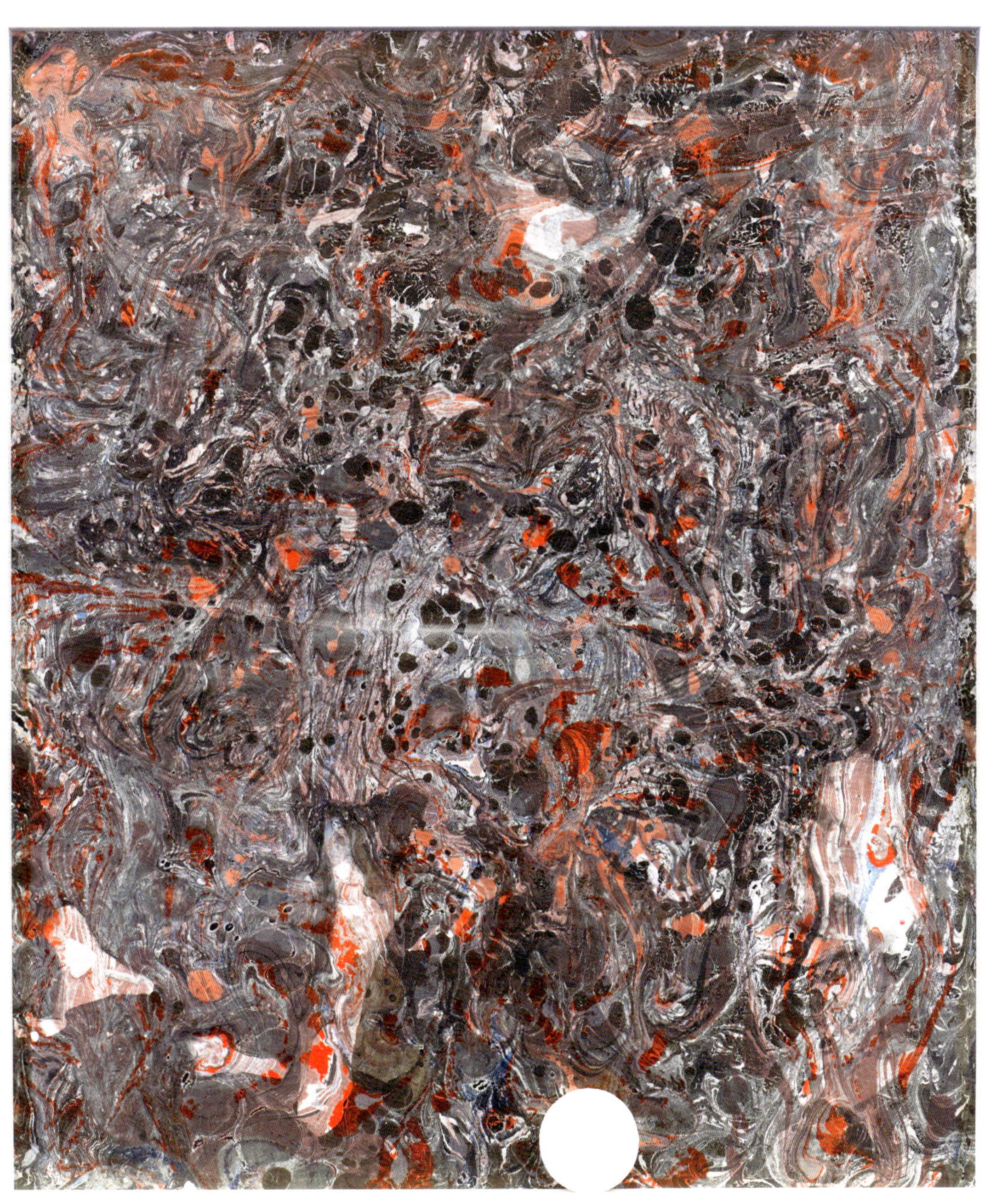

Le Groupe et la Famille D02, 2010

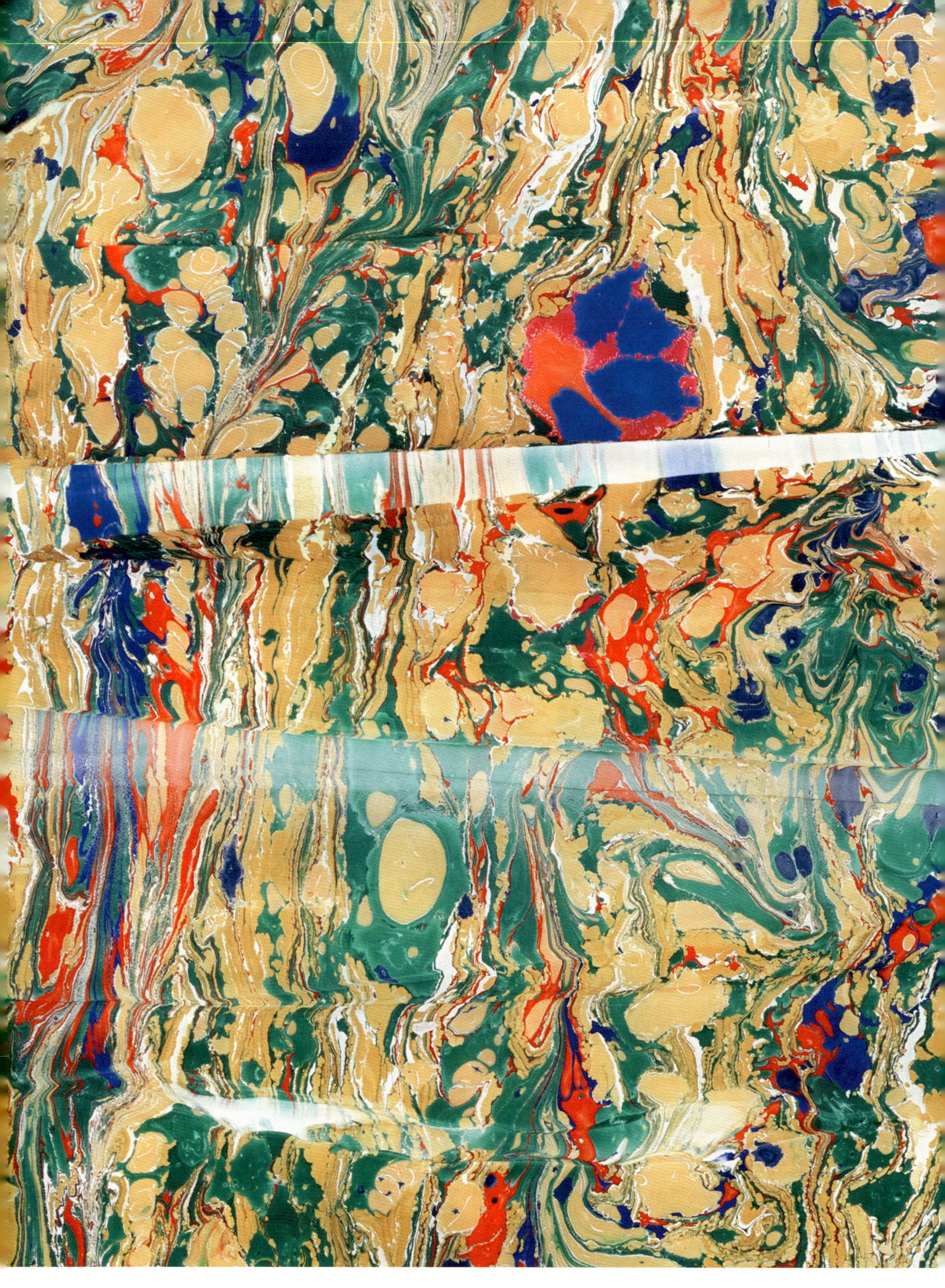

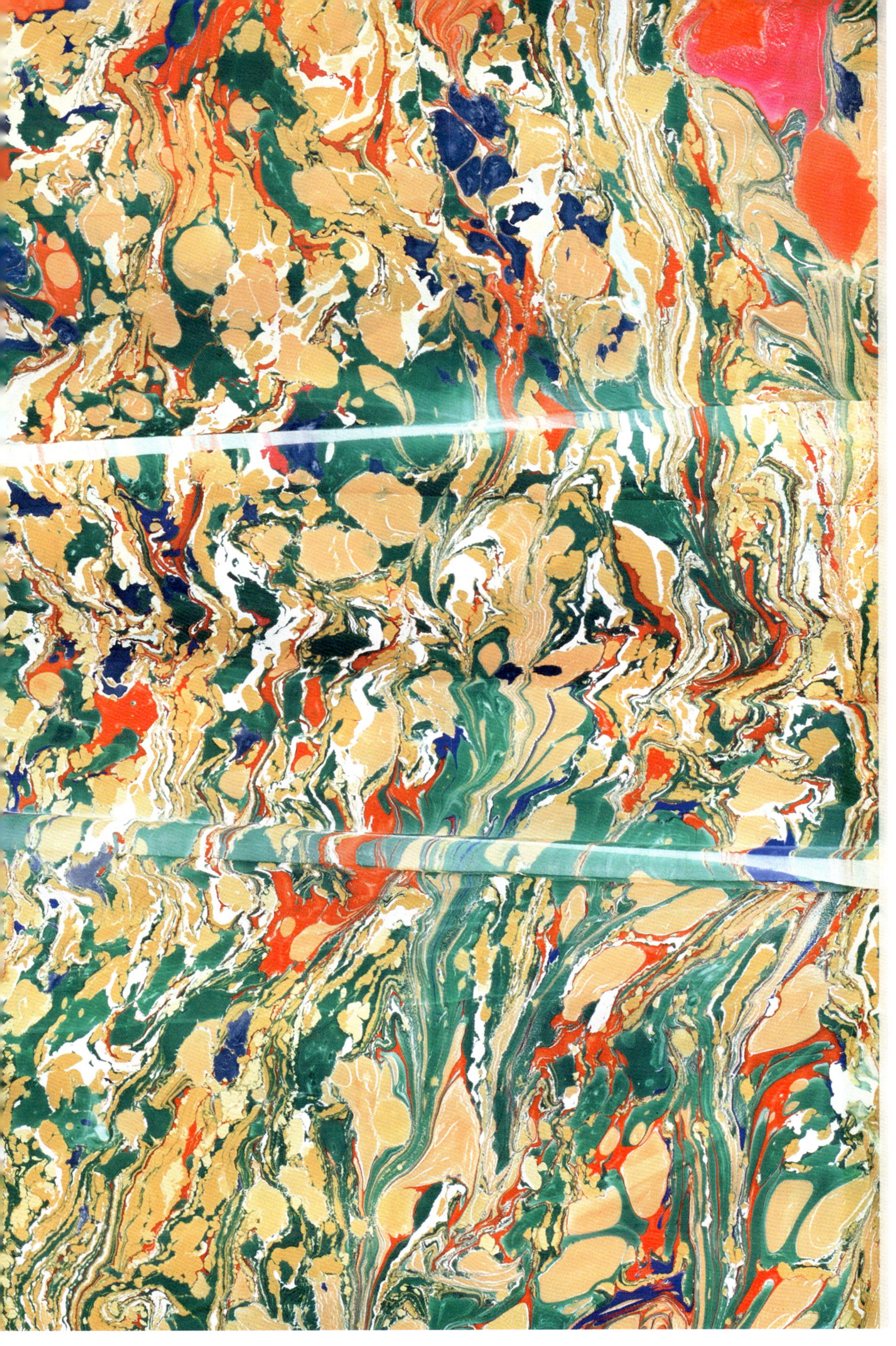

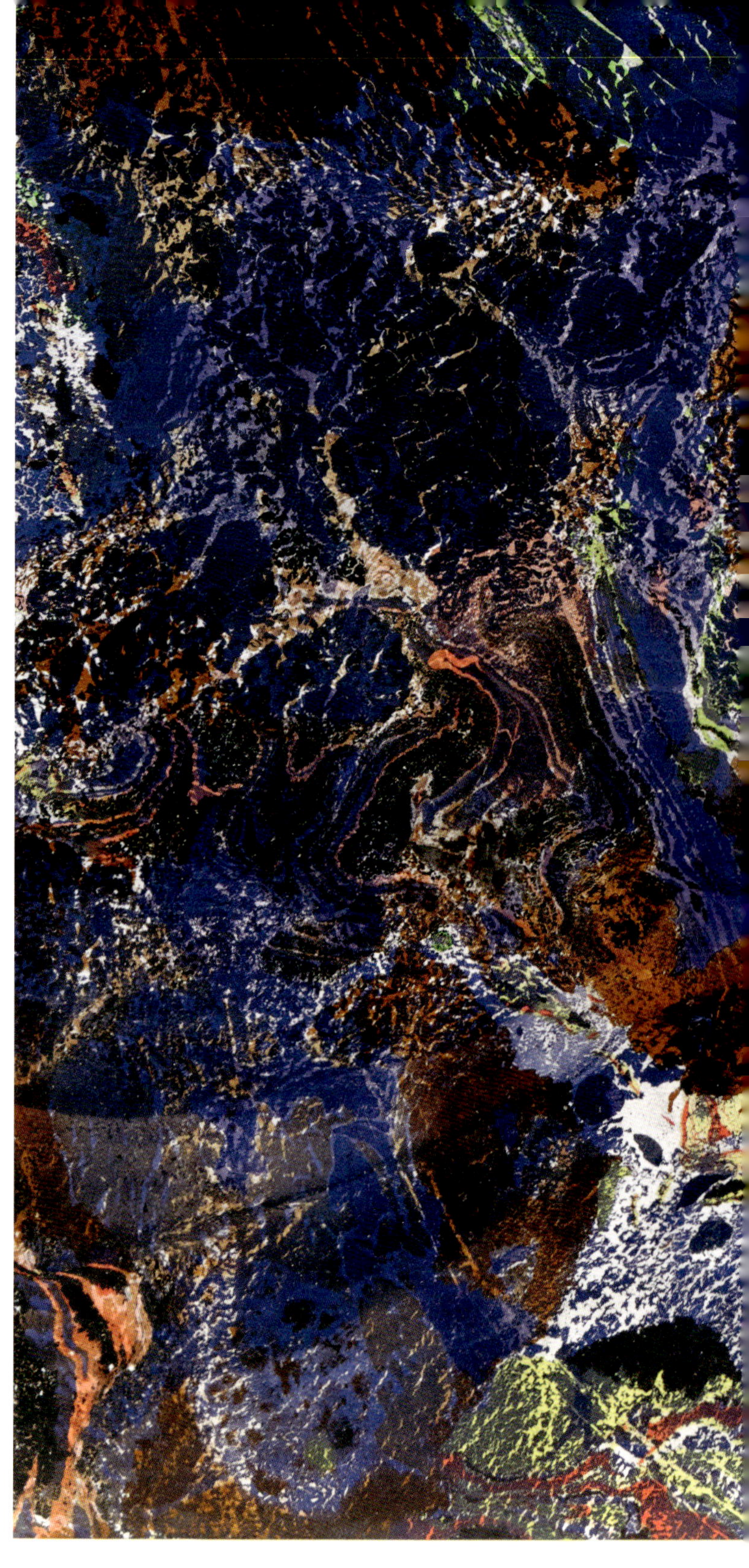

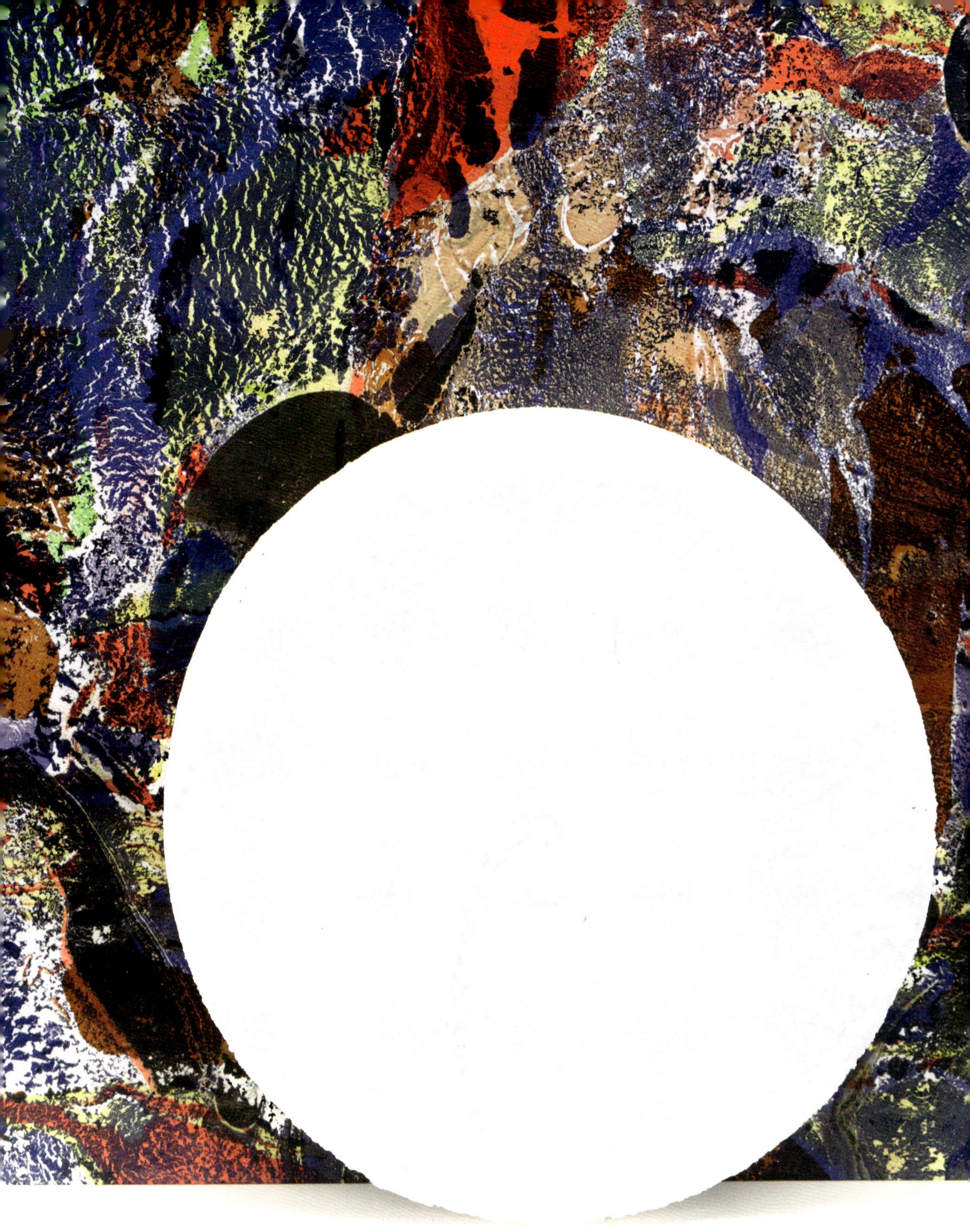

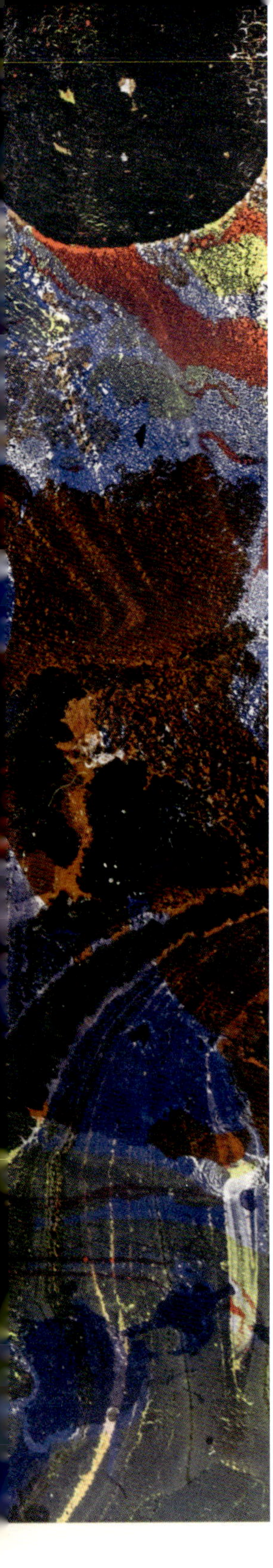

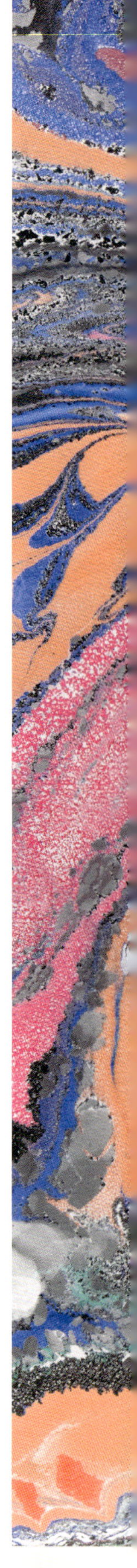

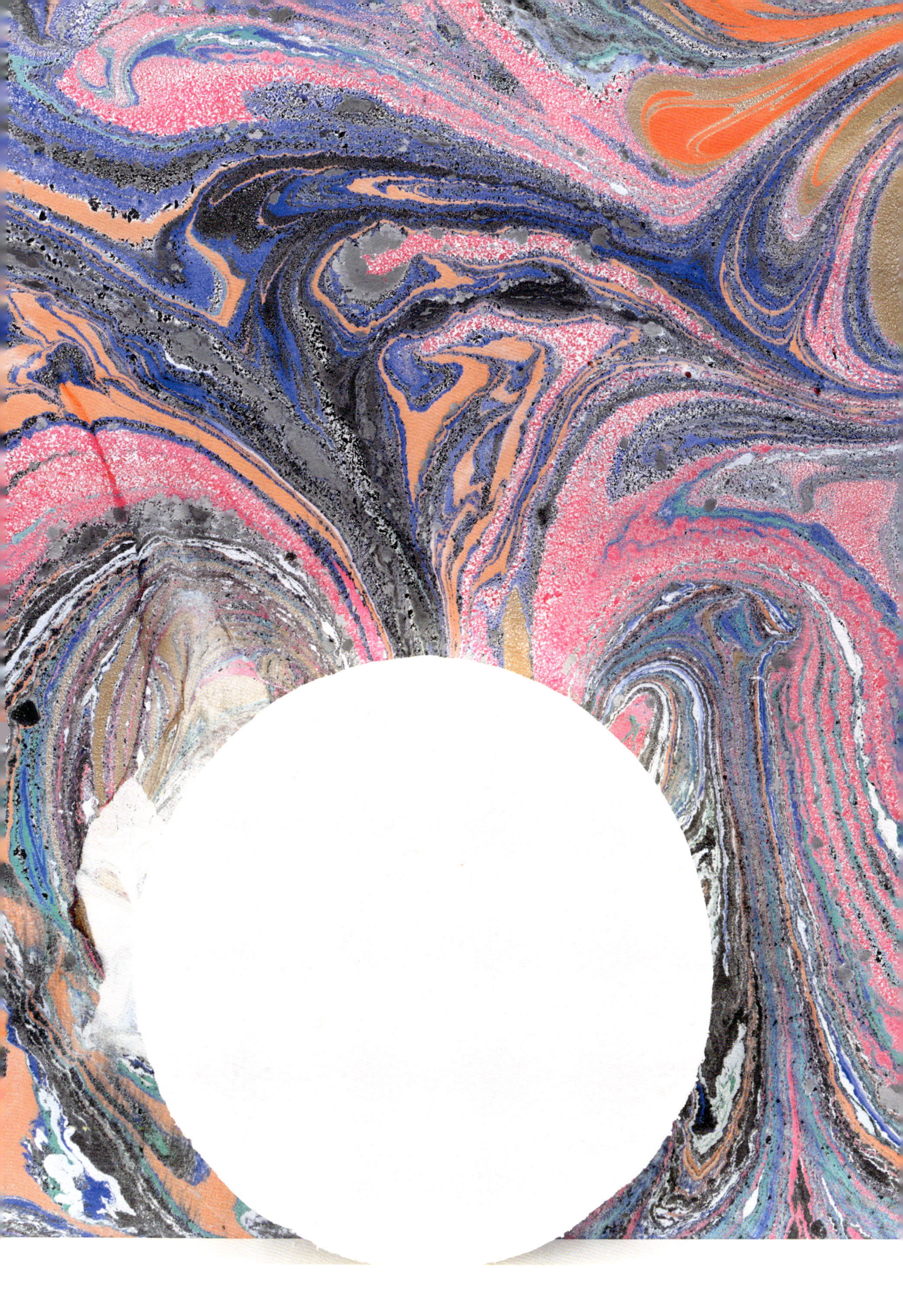

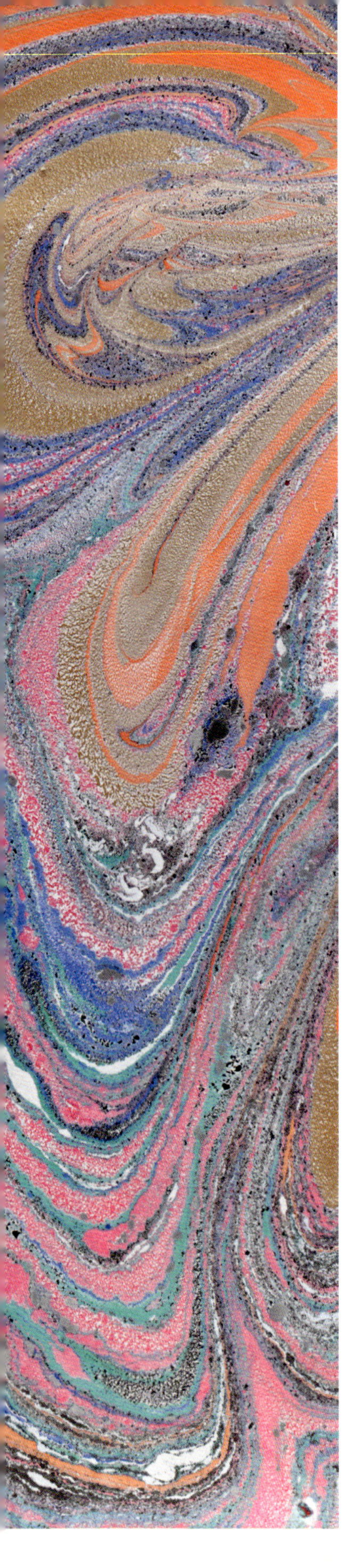

Mind Racing

Yann Chateigné

La particularité du psychédélisme est que nous entretenons avec lui une relation à contretemps. Comme si nous tournions autour de quelque chose, repoussés des deux côtés du temps qui nous sépare d'une expérience devenue insaisissable. Ce problème, si c'en est un, pourrait tout aussi bien en être un uniquement pour les artistes ou les personnes qui, comme moi, s'intéressent aux mouvements insaisissables de la conscience. L'une des raisons pour lesquelles il me semble important d'entrer dans ce texte comme on navigue dans une zone inconnue réside dans le fait que c'est précisément dans cet espace, encore en partie non cartographié, dans nos *fors intérieurs*, qu'a lieu l'un des conflits les plus profonds et invisibles d'aujourd'hui. Nos systèmes nerveux sont en effet en lutte constante avec d'autres systèmes nerveux – ceux, technologiques, médiatiques, économiques et sécuritaires du capitalisme. Mais dans le même temps, et comme en miroir de ce que l'on pourrait décrire comme une forme de colonisation psychopolitique, nos corps sont devenus des terrains d'expérience et d'invention, intime et collective, sensorielle et politique les plus puissants qui soient.

La biopolitique, selon Michel Foucault, a reposé, à partir du 18e siècle, sur de nouvelles formes de domination et de contrôle des corps. Avant cela, le souverain, qui disposait du droit de vie et de mort sur ses sujets, faisait reposer son pouvoir sur la menace de l'enfermement, de la mise à l'écart de la société, de l'exécution. Parallèlement à l'avènement des Lumières, le pouvoir s'est exercé plus subtilement, à travers les institutions que sont l'école, l'hôpital ou l'usine. On a commencé à étudier, à surveiller et à discipliner les existences, jusqu'à ce que l'emprise s'inscrive dans les chairs, les modes de vie, le quotidien des individus. Pour certain.e.s penseur.euses, dont le philosophe allemand d'origine coréenne Byung-Chul Han, la situation s'est à nouveau transformée au tournant des années 1970 et 1980 en ajoutant au contrôle des corps celui des esprits. C'est ce qu'il décrit comme le passage de la biopolitique à la psychopolitique ou comment le management des émotions, la capture de l'attention et l'exploitation de la liberté sont devenus, à l'ère néolibérale, les nouveaux dispositifs de contrôle.

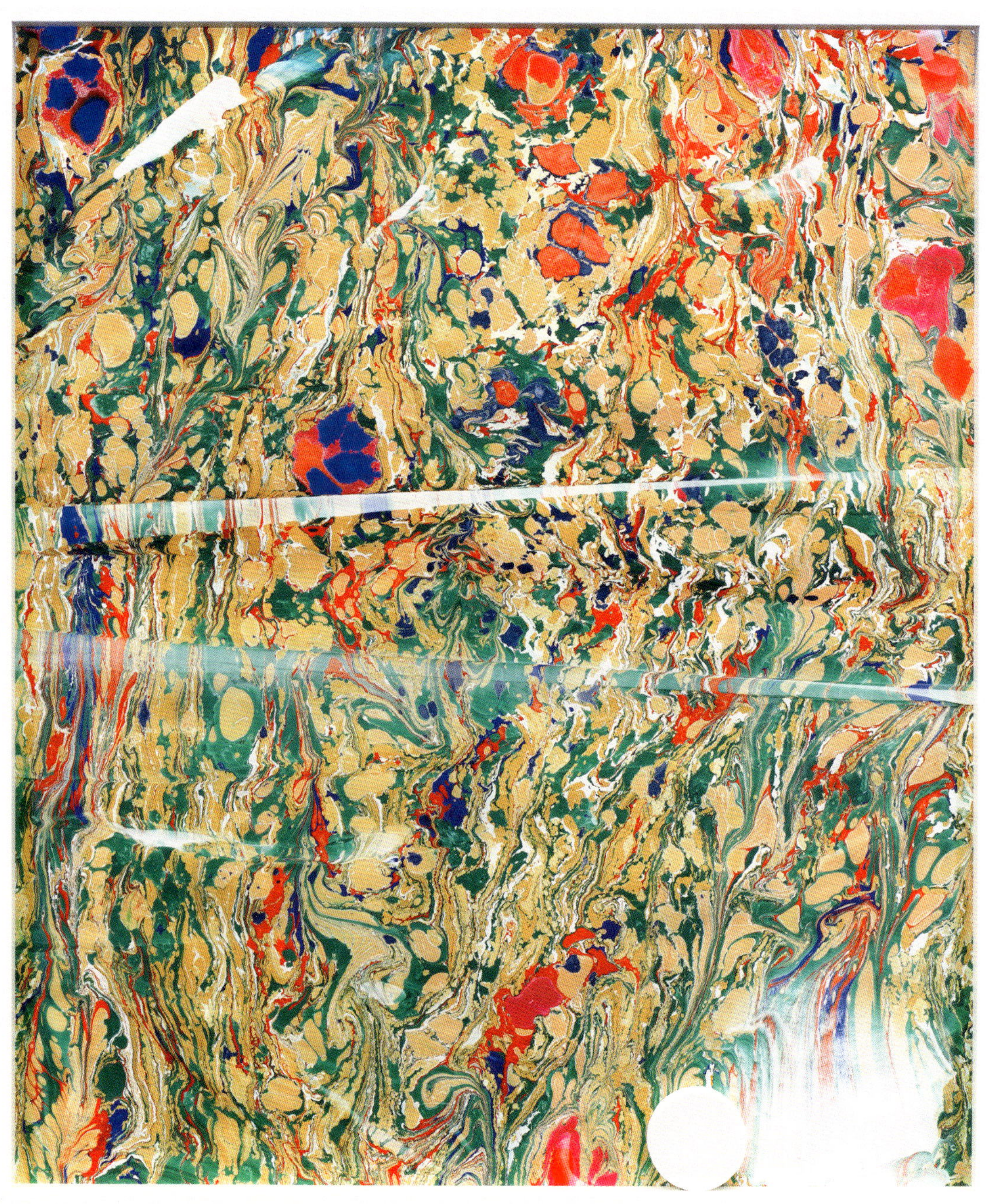

Le Groupe et la Famille S18, 2012

Le psychédélisme, lui, s'inscrit directement dans la politique de libération des années 1960. Durant cette période, l'expansion de la conscience et les nombreux concepts associés au voyage – *flight, travel, trip* – en lien avec l'usage des drogues mettent l'accent sur le fait de sortir de la grille sociale. L'impulsion libertaire invite les individus à sortir du rail, à « laisser tomber » (*to drop out*). On s'entraîne, à l'aide de différentes techniques, à quitter la Terre ou la réalité même, pour avoir une autre perspective sur la vie ici-bas (*being far out*). Or, le terme « psychédélique » renvoie aussi aux concepts de la sortie et du dehors ; formé par l'association des mots grecs *psyche* (« l'esprit ») et *deloun* (« rendre visible », « délier ») par le psychiatre anglais Humphry Osmond en 1956, il fut inventé pour décrire les effets libérateurs des substances psychoactives telles que la psilocybine (présente dans certains champignons hallucinogènes), la mescaline (principe actif du peyotl, cactus du Mexique et du sud des États-Unis) ou encore le LSD (synthétisé « par erreur » par le chimiste suisse Albert Hofmann en 1943).

Mais la spécificité de l'expérience psychédélique, dans une époque hantée par la prévision et le contrôle, est d'incarner – au risque d'en être devenue un cliché – la possibilité d'être présent, ici et maintenant. Cette hyperprésence à soi-même et au monde génère, en retour, une absence. Comme si, activés et connectés, nos corps laissaient s'évanouir une partie de nous-mêmes. *Tripper*, faire le « voyage » de et avec la drogue, que l'on dissolve son ego dans la foule d'un club, ou chez soi en observant ses sensations, c'est être – littéralement et métaphoriquement – *parti*.

L'intensification des sensations qui envahissent le corps et l'esprit défient alors toute tentative d'emprisonner cette immersion multisensorielle dans les limites, les conventions du langage. L'un des effets des drogues psychédéliques est la saturation du système nerveux au sens premier, celui du surdosage d'affects et d'informations, mais aussi au sens musical du terme, à l'image des sons de guitare, d'*overdrive*, de *feed-back* et de *larsens* du rock psychédélique. L'intensité de l'expérience individuelle, renforcée par l'hyperconnectivité collective, favorise le laisser-aller, l'oubli de soi. L'oubli tout court. On creuse, dans la transe, le *trou de mémoire* caractéristique des récits de transports psychotropes ou d'illuminations mystiques.

L'art, quand il noue des liens avec l'expérience psychédélique, se confronte au même étau temporel. Il arrive soit en aval, soit en amont du temps, mais presque jamais dans le faisceau sensoriel. Une partie de la production artistique naît en effet de la tentative de restituer le dérèglement de sens et les leçons de l'expérience : les œuvres sont telles des cartes, des récits, des traductions de ce qui est inexprimable. Une autre partie des œuvres ne représente pas le « paradis », mais le génère dans l'esprit du sujet lui-même, en suscitant, avec les moyens de l'art, des états altérés de conscience.

L'hypothèse de ce texte est qu'à l'intérieur du travail de Gaillard & Claude se situe une myriade de connexions psychédéliques. J'aimerais qu'il puisse en suivre les linéaments, comme le regard scruterait, au risque de s'y perdre, les entrelacs d'un dessin mescalinien d'Henri Michaux. Je me suis souvent demandé à quoi ressemblerait l'art psychédélique du 21e siècle. L'art de G&C pourrait en constituer une réponse. Un art ne correspondant pas complètement aux canons de l'esthétique psychédélique, mais qui voisinerait avec ses images, contaminerait ses modes de représentation, tout en les mettant à distance, en les distordant – un art psychédélique vu à travers un filtre psychédélique. Car dans la brèche utopique créée par l'ouverture des esprits dans les années 1960 s'est infiltrée une partie des tentacules du pouvoir, du commerce et du contrôle. La perspective des artistes s'est dès lors déplacée ailleurs pour agir sur, et dans le système nerveux, d'une autre manière. Comme en retrait, depuis un autre point du temps et de l'espace.

After

Débutée en 2010, *Le Groupe et la Famille* est une série qui met en relation, à l'intérieur d'un grand cadre en bois peint en blanc, fermé par une épaisse vitre en verre, deux éléments toujours similaires et pourtant différents : une feuille de papier présentant, bord à bord, un paysage coloré fait de formes organiques qui se mêlent et se repoussent, se masquent et se superposent, sur lequel est apposée une pilule de paracétamol blanche surdimensionnée. Plaquée sur le papier « à la cuve », la pilule contenant 250 grammes de molécules actives vient se loger au bas du cadre, donnant le sentiment d'avoir roulé là où la gravité l'a guidée. Au premier regard, l'œuvre se présente comme un manuel, ou un kit pour un voyage psychédélique : d'un côté, l'outil – la pilule – et de l'autre, le résultat – les explosions de couleurs, les mouvements, les textures que cette dernière aurait induits.

Or, la légende le précise, le disque blanc est composé de paracétamol, un antalgique, dont l'effet n'a rien d'hédoniste. Au contraire, sa substance apaise les douleurs légères, comme celles ressenties au lendemain d'une fête qui aurait trop duré. Comme le précisent les artistes, le paracétamol est une « drogue de pyjama ». La série prend dès lors une tout autre signification : elle n'est pas une image d'avant la fête, une promesse de l'émancipation, du plaisir et de l'oubli, elle est l'instant d'après. Le cachet est celui que j'absorbe de retour chez moi alors que la fête est terminée. Je ferme les yeux, et s'allume, sur l'écran de ma conscience en accéléré, le film des choses ressenties, des sons entendus. Je vois ces vastes paysages abstraits et contournés de G&C comme si mon corps entier, ma peau, mes organes étaient un appareil photographique dont la durée d'obturation pouvait être étendue à toute une nuit.

Au petit matin, alors que je rentre chez moi, et que je ferme les yeux, s'imprime soudain, sur la surface, cette suite infinie de lumières et d'émotions.

Une opposition existe entre la fluidité des motifs colorés, la transparence des couleurs, le mouvement sensuel de ces images liquides et la simplicité minimale, l'austérité formelle même, de la pilule. Les marbrés renvoient à autant d'humeurs, d'atmosphères transitoires, tantôt délicates et éthérées, tantôt volcaniques et puissantes.

Certains évoquent les motifs ornementaux caractéristiques que l'on trouve dans certaines pierres comme le marbre (*S18*), d'autres sont plus libres et picturaux (*S28*).

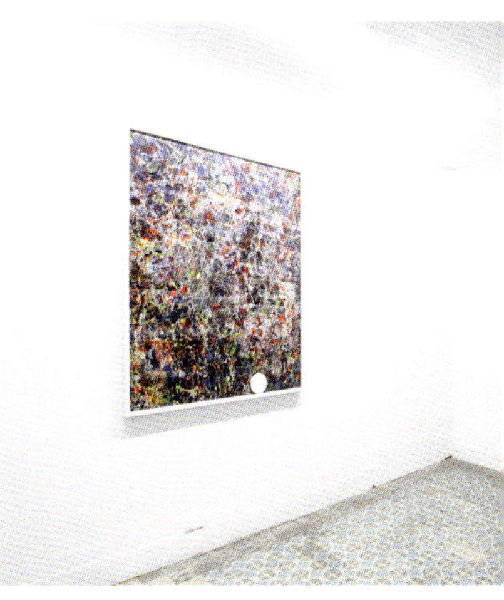

→ *Le Groupe et la Famille D10-S04*, vue de l'exposition / **Exhibition view** *Repeat Affinity*, MOTInternational Gallery, Bruxelles / **Brussels**, 2013.

Photo : Isabelle Arthuis

Certains évoquent des ciels orageux (*D10-S04*), d'autres des arabesques colorées et psychédéliques. Ces singularités, presque vivantes, ces variations de formes et de relations, obtenues à partir des couleurs en lévitation dans le liquide, s'opposent à la dimension générique du paracétamol, symbole de la standardisation des laboratoires pharmaceutiques.

Pour réaliser *Le Groupe et la Famille*, G&C utilisent une technique inspirée de celle des papiers marbrés pratiqués en bibliophilie : dans un bac d'eau, les pigments en suspension mêlés à un liant imprègnent la feuille de papier immergée. Réalisée à plat, cette « peinture » garde la trace d'un instant liquide. Comme le support absorbant sur lequel est déposée la substance des buvards de LSD, le sujet qui en fait l'expérience se trouve lui aussi tout entier imprégné. Ici, c'est l'œuvre qui est réalisée par la plongée du support entier dans le mélange coloré. Produite en quelques gestes, elle n'est pas le résultat d'une impression sur support, mais bien d'une submersion.

Le processus, en partie planifié, contrôlé, et en partie aléatoire, imprévisible, est fonction de la chimie et de la réaction des éléments. Cette dimension méditative dans la pratique du marbré intéresse également les artistes. Comme le rappellent G&C, elle est employée dans nombre d'ateliers thérapeutiques. Quelque chose s'oppose ici encore, entre la dimension médicale et industrielle du paracétamol, et le pouvoir de guérison des couleurs en suspension.

Ce processus de réalisation est en réalité très proche de celui des *light-shows* psychédéliques des années 1960. Mêlant projection de diapositives, de films et de couleurs pures, les effets étaient notamment produits par la projection de lumière, à l'aide d'un rétroprojecteur, diffusée à travers des bols transparents remplis d'eau dans lesquels étaient déposés des huiles et des pigments. La chaleur de la lampe mettait le liquide en mouvement, ce qui générait bulles, coulures, animations fascinantes aux changements constants, faits de différences infinies. Mais si les deux projets partagent le même intérêt pour une certaine plasticité organique, le résultat diffère : à la qualité vivante, éphémère des spectacles lumineux accompagnant

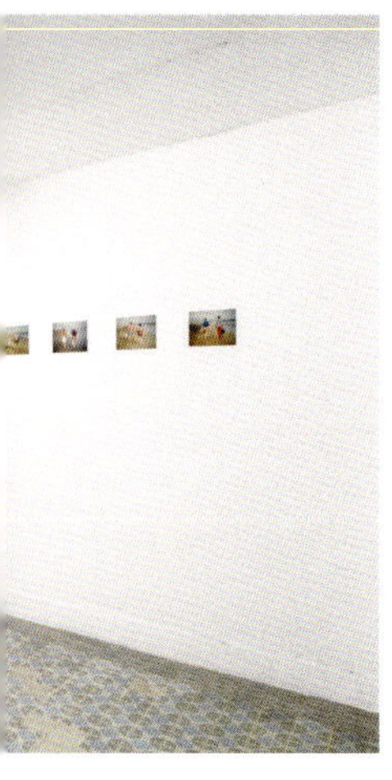

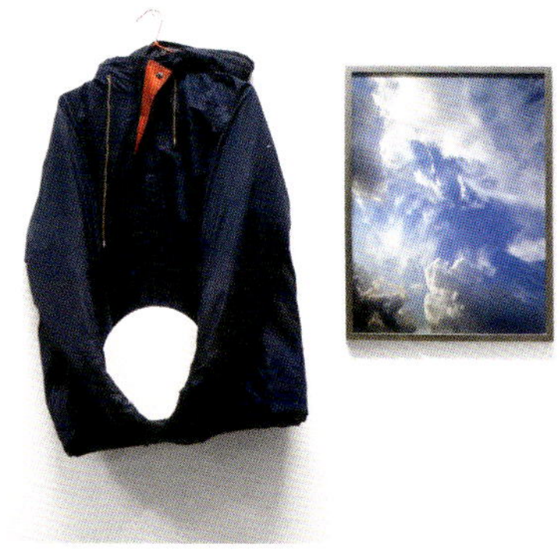

← *Antalgic 2035*, vêtement de pluie, pilule de paracétamol, C-print encadré / **raincoat, paracetamol pill, framed C-print**, dimensions variables / **variable dimensions**, 2018.

Photo : Juan Pablo Plazas

les concerts des Sixties, répond, dans la série de G&C, une forme de fixité et de froideur assumée, renforcée par la mise en scène de l'objet derrière une vitre.

La présence de la pilule dans la composition renforce encore ce sentiment de distance, de fin de partie. Sa forme évoque le point final d'une époque qui semble résonner, à l'instar d'une relique, en arrière-plan de la composition. Si le *light-show* figé et encadré parle des utopies du siècle dernier, d'un rêve de fusion collective, la pilule renvoie à une autre vision de la communauté. Les 250 grammes de substance qui la composent permettraient, effectivement, d'être partagés en un nombre de doses qui correspondrait à la fréquentation possible d'une fête de taille moyenne, ou au réseau étendu d'une personne sociable. À l'expansion de la conscience dans les méandres du plaisir collectif, s'oppose, chez G&C, l'anesthésie chimique des lendemains de fête.

Là se trouve certainement l'un des sens de la série. Poursuivie depuis 2010, *Le Groupe et la Famille* résonne comme un contrecoup, la traversée d'une crise continue, exponentielle. Crise financière de 2008, érosion de la nuit, avènement de la société du cocon, atomisation sociale et isolement, ces œuvres nous posent la question : qu'avons-nous en commun, à part cette grande pilule collective, que partageons-nous, dès lors que la fête est finie ?

Dans *Antalgic 2035*, une pièce de 2018, G&C disposent, au mur, côte à côte, un coupe-vent sombre, accroché à un cintre, et dont les manches, vides, retiennent un grand cachet de paracétamol. À droite est accrochée une photographie encadrée, présentant un ciel bleu, qui apparaît derrière un groupe de nuages. L'image évoque un temps incertain, une éclaircie, l'arrivée de quelque chose qui semble s'ouvrir. Une manière, comme avec les papiers marbrés, de renvoyer à des climats : ceux du temps qu'il fait, comme ceux des climats intérieurs, sociaux et politiques. Le coupe-vent permet de s'équiper en tout temps, de traverser les orages. Le paracétamol de survivre à une tempête mentale.

Constat d'une certaine finitude, les œuvres de G&C suggèrent aussi une ouverture : là réside le sens du vêtement

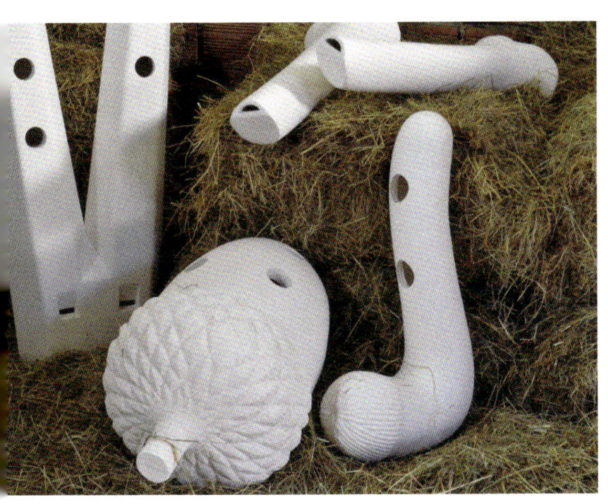

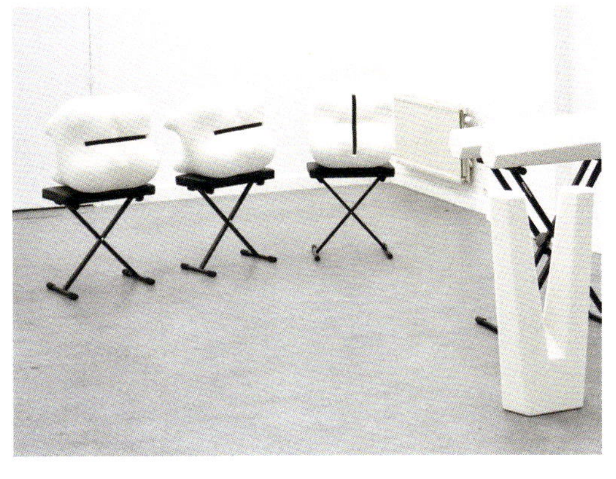

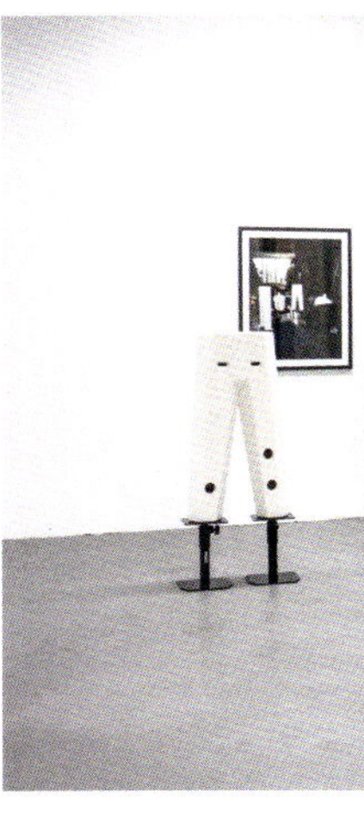

↑ *Flutes at the Barnes*, photographie / **photograph**, 61 × 41 cm, 2019.

→ Vue de l'exposition / **Exhibition view** *Early Development of Calculus*, Établissement d'en face, Bruxelles / **Brussels**, 2016.

qui reste vide, de la pilule à disposition, des montages ouverts qu'offrent ces travaux. Ils nous suggèrent de les habiter. D'inventer d'autres manières d'être ensemble, dans les ruines de la société liquide : qu'est-ce qu'un groupe, qu'est-ce qu'une famille ? Qu'est-ce qu'un collectif, de quelle manière nous assembler ? Hanté par les profondeurs étranges de ces paysages bouleversés, je pense à cette pièce comme à une invitation : et si, plutôt que d'être nostalgiques, nous commencions à réinventer ce que c'est que d'être ensemble ?

Before

En 2015, G&C ont commencé à produire une série e sculptures hybrides, croisement entre des instruments de musique et des fragments de corps, entre des fruits, des organes, des prothèses, des objets techniques. Réalisés en plâtre, ils sont creux, immaculés. Parfaitement lisses, ils ont une fente qui laisse supposer qu'ils sont des instruments à vent. Si certains évoquent des instruments de la famille des bois (une flûte) ou des cuivres (un saxophone du futur ou provenant d'un passé lointain), chaque objet est en réalité inclassable et synthétise un flux de références dans une forme simplifiée et presque générique. Chaque sculpture échappe à la description. Elles appartiennent à plusieurs mondes distincts (animal, végétal, technique), tout en se réinventant au sein de leur propre catégorie. Ainsi, *Pipe/Bone* peut être perçue comme une flûte ou une trompe-fémur, *Acorn/Ocarina*, une tête-noisette-ocarina, alors que *Slit Drum/Tooth* est tout autant une fesse-rhombe, qu'une dent-tambour à fente, *Double Flute/Pants* est une flûte-jambes ou une cornemuse-pantalon. *Saxo/Wooly Monkey Tale* fait penser à un saxophone-queue ou à une corne-pénis.

G&C ont souvent employé la stratégie du montage/collage. Deux choses se rencontrent, créent une connexion, magnétique, électrisante. Le sens se dérobe et l'esprit est happé, dans l'espace généré entre attraction et opposition des éléments. C'est le cas dans *Le Groupe et la Famille* avec l'apposition d'un antalgique sur un papier marbré. C'est aussi le cas dans *OO* (2009) et *UU* (2013) : la première suspend un fragment

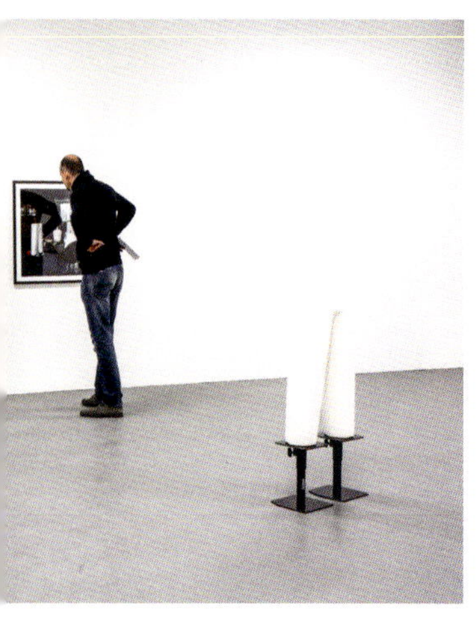

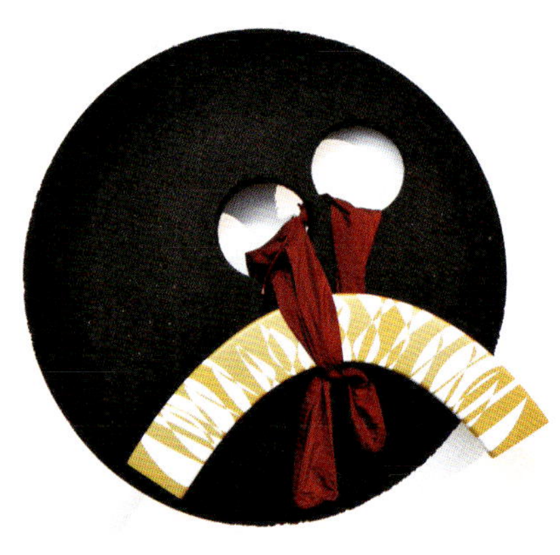

d'arc en résine colorée, tenu par des manches de K-Way rouges, à une calotte de sphère en pneu recyclé noir, percée de deux trous ; l'autre fait entrer un vêtement, coupe-vent similaire à celui de *Antalgic 2035* dans une forme en plâtre évoquant une stèle. Comme si les sculptures hallucinaient elles-mêmes, elles sont soumises à une sorte de fusion, faisant de leur apparence le résultat d'un *morphing* : une chose entre dans une autre, puis dans une autre encore, générant autant de chimères conceptuelles.

Présentés une première fois aux Bains Douches d'Alençon en 2015, les instruments étaient disposés sur un mobilier caractéristique des salles de concert ou des lieux d'enregistrement : les choses-instruments étaient posées soit sur des supports noirs, standardisés pour clavier ou micro, soit sur un pied pour instrument à vent. Un fauteuil était également disposé dans l'espace et accueillait l'une des sculptures. Les instruments de G&C ne sont donc ni uniquement des objets techniques ni uniquement des membres corporels. Ils sont également les membres d'une même famille. Par ailleurs, êtres hybrides, à la fois technologiques, végétaux, humains et animaux, voire minéraux, ils se présentent comme les membres, tantôt étranges et amicaux, tantôt visionnaires et inquiétants d'un même groupe, au sens social et musical du terme. Le titre de l'exposition est à ce titre équivoque : *A Proper Orchestra Is Fun for Everyone!*

L'année suivante, la série est montrée à Établissement d'en face à Bruxelles, sous le titre *Early Development of Calculus*. Il se trouve que ce lieu d'art, qui se situe face au Palais des Beaux-Arts, se trouve aussi à quelques mètres du Musée des Instruments de Musique. Or, cette spectaculaire collection d'ethnomusicologie (plus de 8000 instruments, issus de différentes époques et origines géographiques) est une des sources d'inspiration des artistes. Contrairement au parcours mis en place par le musée, G&C ne font pas entendre leurs sculptures-instruments. Les formes restent en attente. Le plâtre non peint, le blanc spectral des objets renforcent ce sentiment d'inachèvement, de retrait. Les membres de l'orchestre sont sympathiques, mais ils ne « jouent » pas. Ils ne jouent pas

← Vue de l'exposition / **Exhibition view** *Books and Objects*, P/////AKT, Amsterdam, 2018.

↑ *OO*, vêtement de pluie, pneu recyclé, bois, résine et peinture PU / **raincoat, recycled tyre, wood, PU resin and PU paint**, 125 × 110 × 35 cm, 2009.

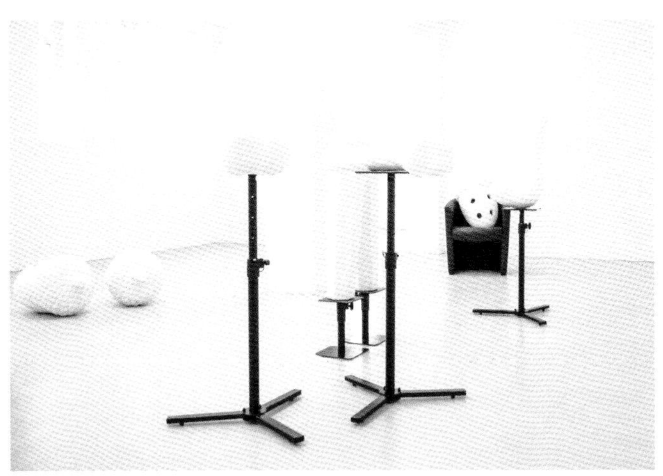

↑ Vue de l'exposition / Exhibition view *A Proper Orchestra Is Fun for Everyone!*, Les Bains Douches, Alençon, 2015.

« le jeu ». Comme dans *Le Groupe et la Famille*, l'œuvre est cheval sur un temps qui s'absente : le voyage psychédélique allait-il commencer ou était-il déjà terminé ? Ici, c'est le temps de la musique jouée en groupe, du rituel collectif du concert qui reste en suspens.

La blancheur des instruments pourrait évoquer des objets archéologiques imaginaires, exhumés du passé, qui auraient perdu leurs couleurs. Mais leur forme géométrique, leur dessin simplifié et leur facture leur confèrent une dimension digitale, synthétique. Chaque élément de l'ensemble pourrait dès lors renvoyer à la méthode de composition de la musique répétitive et électronique qui repose sur l'agencement de fragments, *patterns* ou *samples*, selon diverses configurations et relations qui se transforment mutuellement et potentiellement à l'infini. Dérivé de l'installation, le disque vinyle *Le Désespoir du singe* donne un indice supplémentaire pour la compréhension de la série. Sortie en 2015, cette composition musicale de G&C est structurée de façon quasiment identique à la série de sculptures. Les entités sonores s'y répètent, résonnent, se distordent et se repoussent entre elles pour générer une longue plage de *trance* progressive, masse sonore abstraite en vibration, qui évolue et avance, hypnotique.

Le terme « calculus » renvoie aux mathématiques, au calcul informatique. Le plâtre, un matériau lié à l'histoire de la copie et de la reproduction, serait aussi une technologie, au même titre que l'ordinateur. En 2016, l'édition *Apra Copy Shop Brussels* de G&C mettait d'ailleurs en scène les mêmes sculptures sur des photocopieurs industriels : la rencontre de deux extrêmes de l'histoire de la reproduction. Jusqu'à la fin de l'Académie au siècle dernier, le plâtre avait en effet un rôle de transmission et d'éducation. Dans toutes les écoles d'art du monde occidental, avant qu'elles ne soient remplacées par des livres et des images, puis par internet, se trouvaient des copies en plâtre des modèles de beauté artistiques (issus de l'histoire de la sculpture) et naturels (moulages d'éléments végétaux, d'animaux...). L'on pourrait dire que *Early Development of Calculus* connecte une histoire de l'image qui relie moulage

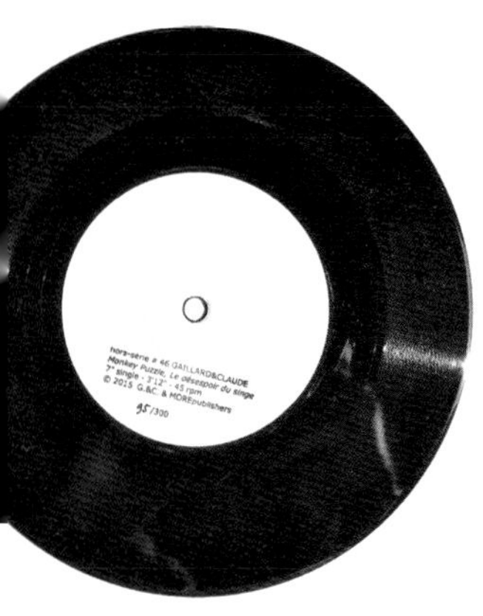

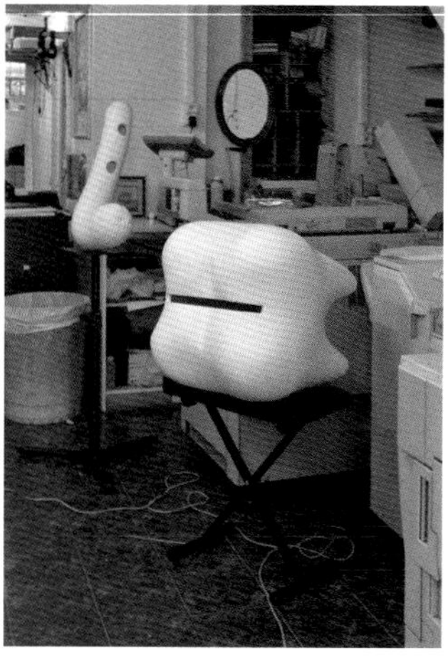

et reproduction mécanisée, musée et ordinateur, dans un continuum mental spéculatif et muet.

Les drogues psychédéliques sont également des technologies. Elles modifient notre perception, nous permettent de sentir des choses nouvelles, de découvrir dans nos corps des capacités inconnues. G&C ont d'ailleurs souvent, depuis des œuvres plus anciennes, exploré les relations entre de nouveaux modes de perception et les technologies de vision, entre optique (*Grand Optical Soul Center*, 2005) et écran par exemple (*Symposium à Copenhague*, 2006). Les drogues peuvent aussi être considérées comme autant de « medium », au double sens, ésotérique et technique, du terme : d'un côté, elles révèlent des choses invisibles ; de l'autre, elles ont le pouvoir de relier les individus. Ainsi de la musique qui est un véhicule, et les musiciens des pilotes guidant l'auditeur.trice dans le voyage. À l'instar d'un vaisseau, l'appareillage musical est orienté par les membres d'un équipage qui font corps avec leurs passagers. C'est l'un des sens de la série des instruments de G&C, qui met en scène ce qui se passe dans le véhicule, derrière les images restituées dans *Le Groupe et la Famille*. Les sculptures naviguent d'un repère spatio-temporel à un autre, dans l'inconnu de l'instant. La dimension cosmique de la musique électronique repose sur cette manière organique de voyager dans les notes comme au sein d'une constellation puis, lorsque le voyage est terminé, de revenir au *pattern* initial, comme on atterrit après un vol au long cours.

Mais le concert reste silencieux. Les sculptures assises sur leurs sièges sont-elles en train d'écouter, ou de s'apprêter à jouer ? Font-elles partie de l'orchestre, ou du public ? La musique va-t-elle commencer, ou entend-on les dernières notes résonner ? C'est dans cet « à venir » constamment en mouvement que réside l'inquiétude qui habite la série de G&C : le groupe ne produit pas un son. Il semble en attente. Le groupe s'est-il retiré ? Son silence est-il une forme de grève humaine, d'anesthésie

← *Le Désespoir du singe*, 7" single, 3'12", 45 rpm, *Hors-série #46*, MOREpublishers, 2015.

↑ *Apra Copy Shop Brussels*, photographie / **photograph**, 119 × 84 cm, 2016.

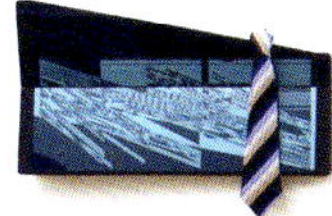

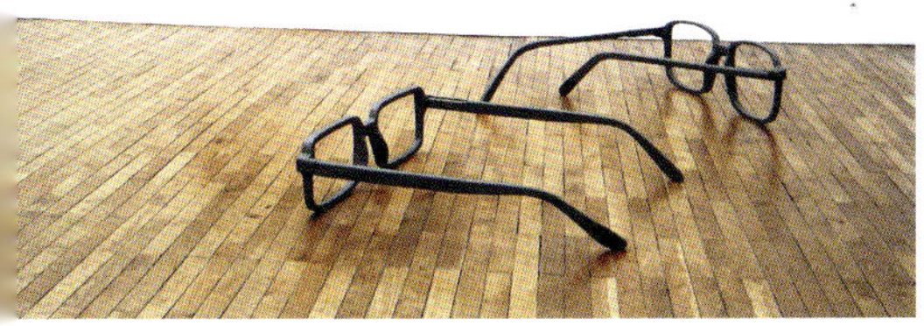

↑ *Symposium à Copenhague*, 190 × 130 × 30 cm, 2006 et / **and** *Grand Optical Soul Center*, 130 × 130 × 37 cm et / **and** 115 × 115 × 30 cm, 2005, vue de l'exposition / **Exhibition view** *Rachel Tiplady*, Musée des Beaux-Arts de Nantes, 2006.

volontaire, de protection ? Est-ce une manière de jouer sans jouer ? De participer par la négative ? De rester là, à ne rien faire, comme Bartleby, l'antihéros du roman d'Herman Melville, qui ne prononçait qu'une seule phrase, « *I would prefer not to* » et produisait une erreur dans un système du 19e siècle qui déjà, demandait que l'on agisse, produise, énonce.

Aujourd'hui, la participation obligatoire s'est accrue de manière exponentielle. L'apparition incessante, la médiation et la médiatisation ont fait basculer le point de vue et nous placent dans une position de connexion permanente et de passivité contemplative constamment reliée à un monde qui se déroule sans que nous puissions agir. J'imagine le groupe de G&C comme ces figures de terre cuite trouvées dans la tombe antique de l'empereur Qin, en Chine : ils étaient là, en attente, depuis des siècles, prêts à agir, mais leur voyage dans le temps était souterrain, invisible. Comme si les forces en présence ne pouvaient être combattues de l'intérieur, les sculptures de G&C font un pas sur le côté. Leur musique est télépathique, leurs ondes insaisissables. Ce n'est certainement pas un hasard si elles rappellent des instruments à vent, activés par le souffle. Force invisible, vitale et fragile, le souffle est aussi celui du vent qui anime et érode discrètement les formes du monde.

Materia

Il y a dans le titre de la série *Talking Baloney* (2020) une référence, voire une défiance, au langage et à la parole. Elle n'est plus liée à l'indicible, au refus, au silence, mais au fait de parler pour ne rien dire. En *slang* américain, « *baloney* » signifie « balivernes ». La série est composée d'un ensemble de cadres en bas-reliefs formés de tubes en polyuréthane entrelacés et fixés sur une structure en aluminium. Le matériau, un polymère souple formant des boudins, est teinté dans la masse par les artistes et ensuite noué sur un fond quasiment neutre, moulé dans la même matière, qui, en arrière-plan, affiche un dégradé « ton sur ton ». À l'une des extrémités du boudin est fixée une étiquette en polyester sur laquelle est inscrit, en lettres capitales, le mot « NON ».

Le communiqué de presse accompagnant la première présentation de la série à l'espace Deborah Bowmann rappelait qu'Henri Michaux (qui a habité rue Defacqz, à Bruxelles, à quelques mètres de chez G&C) avait passé quasiment toute sa vie active à refuser invitations, collaborations et échanges avec le monde littéraire et artistique. En 2012, les artistes avaient d'ailleurs photographié dans les archives des Musées Royaux, l'une de ses lettres de refus. G&C en ont réalisé un collage, qui fut ensuite publié. Le texte est cinglant. En 1972, en réponse à Jean Stevo, artiste et critique belge qui proposait d'écrire sur son travail, Michaux écrit : « [...] de grâce, n'écrivez pas sur moi. Restons dans nos mondes différents [...]. Pas de rapprochements. Pas désirables [...] ».

Les balivernes évoquées par les circonvolutions des *Baloney!* renvoient à ce refus. Pas d'affinités. Pas de sens. Les nœuds, par ailleurs, tous différents, sont lâches, comme inachevés. Ils semblent avoir été abandonnés en cours de route, comme si l'énergie manquait pour terminer la phrase.

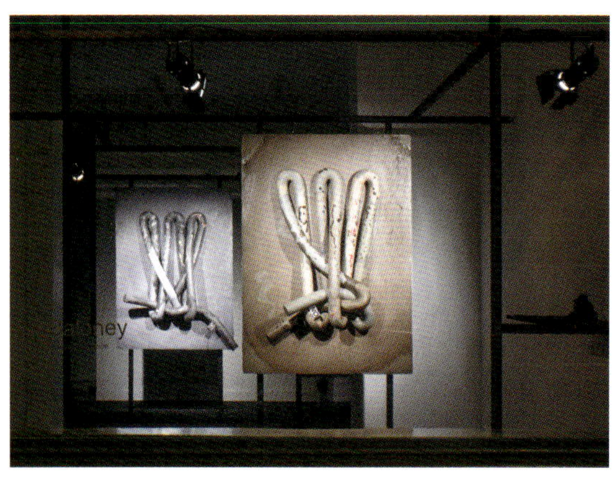

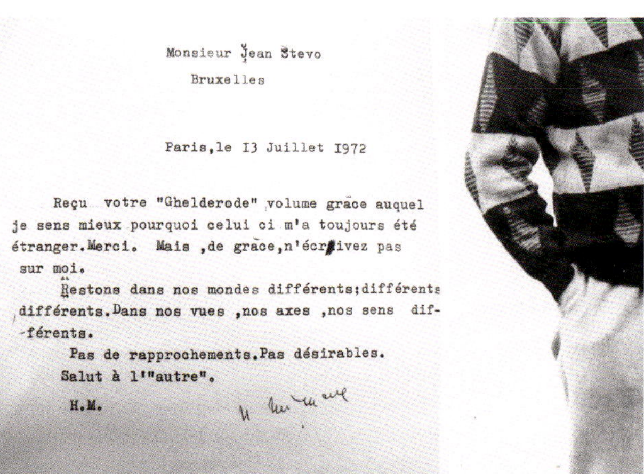

Monsieur Jean Stevo
Bruxelles

Paris, le 13 Juillet 1972

Reçu votre "Ghelderode" volume grâce auquel je sens mieux pourquoi celui ci m'a toujours été étranger. Merci. Mais, de grâce, n'écrivez pas sur moi.

Restons dans nos mondes différents; différents différents. Dans nos vues, nos axes, nos sens différents.

Pas de rapprochements. Pas désirables.

Salut à l'"autre".

H.M.

Les nœuds vident le discours de sa substance, en neutralisent le sens en l'épuisant dans les contournements de la forme. Les éclats de couleur qui animent la matière révèlent la dimension quasi monochromatique de l'ensemble, évoquant une sorte de gris-brun entropique.

Cette non-couleur fait écho à la spécificité du matériau : isolant, flexible, le polyuréthane est omniprésent dans notre environnement, des selles de nos vélos aux toits de maisons, des semelles de nos chaussures aux meubles sur lesquels nous nous asseyons. On le trouve même dans certains produits pharmaceutiques. Les sangles au dos des œuvres de G&C rappellent un élément de construction et renvoient à l'envers du décor, qui est aussi l'envers des choses qui nous entourent, car le polyuréthane se cache partout, derrière des revêtements, des surfaces qui le masquent. En révélant son aspect, G&C retournent, en quelque sorte, le gant du monde matériel, et exposent la matière première dont sont faites les choses que nous touchons et qui nous touchent. L'étiquette siglée « NON » évoque même le potentiel fonctionnel, intime, tactile, mais aussi commercial et industriel d'une sculpture renvoyant au vêtement. Les artistes « retournent » aussi, sous la forme d'une boucle conceptuelle, l'évolution dans leur propre usage des matériaux ; à la fluidité fascinante des pigments mêlés à la gomme des marbrés succède la capacité d'imitation du plâtre blanc. Le polyuréthane leur permet de revenir à la couleur à travers une substance malléable et expansive.

Dans ses cours sur *Le Neutre* au Collège de France en 1977-78, Roland Barthes affirme que le camaïeu ou la grisaille substituent la composition obtenue par l'opposition de couleurs qui tranchent par l'art de la nuance. Comme dans les *Baloney!*, le gris recouvre toute la surface et devient un espace soumis aux variations infimes. C'est la « moire » comme dit Barthes ou, comme dans les effets caractéristiques du psychédélisme, le « moiré », un dégradé de couleurs changeant d'aspects

← Vue de l'exposition / **Exhibition view** *Talking Baloney*, Galerie Deborah Bowmann, Bruxelles / **Brussels**. Scénographie / **Scenography** et / **and** photo : Deborah Bowmann

↑ À gauche / **left** : lettre d'Henri Michaux à Jean Stevo / **letter from Henri Michaux to Jean Stevo**. À droite / **right** : portrait de Tytgat / **portrait of Tytgat**. Photos réalisées à / **taken at** Archives de l'Art Contemporain en Belgique, Musée Royaux des Beaux-Arts, Bruxelles / **Brussels**, 2012.

en fonction de la direction du regard. Des reflets et ondes lumineuses chatoyantes viennent s'opposer à la connotation lourde, industrielle et négative du matériau. Les reliefs de G&C deviennent alors une sorte de peinture psychédélique dont la matière première est l'une des matrices matérielles et invisibles de nos vies quotidiennes.

Dans *Solaris* (1972), le film d'Andreï Tarkovski inspiré du roman de Stanislaw Lem paru en 1961, la planète-océan qu'étudient les scientifiques et qu'ils voient depuis les hublots de leur vaisseau est une matrice aux reflets moirés. Exactement comme dans les pièces de G&C, nous comprenons peu à peu qu'elle est ce qui génère notre réalité. À l'océan miroitant de *Solaris*, qui vit silencieusement au-dehors du monde humain, répond la pulsation particulière qui sourd des œuvres de G&C. La forme de leurs nœuds, ces esperluettes étranges ou symboles graphiques muets, fonctionne aussi comme autant de cartes, de chemins dans une étendue imaginaire. Les marbrés du *Groupe et la Famille* évoquaient la transe du regard, alors que la musique potentielle des sculptures-instruments en était la bande-son silencieuse. *Talking Baloney* est comme le chemin mental d'une dérive dans le labyrinthe de la conscience soudainement matérialisé dans le trip psychédélique. Les échelles et les focales sont modifiées : le parcours se forme en trois dimensions, comme on suivrait à la trace une déambulation mentale.

Le tube est l'emblème formel de la perception sous les effets de la drogue. Il est aussi celui de la navigation, des réseaux et de l'expérience des médias contemporains. *Talking Baloney* peut dès lors être conçu comme une représentation d'un voyage psychotrope et d'une immersion technologique, d'une errance dans une autre dimension à l'échelle réduite d'une maquette, ou d'un espace arpenté soudain vu d'en haut. Dans *Solaris*, rappelons-le, l'océan est d'ailleurs, en réalité, un immense cerveau vivant qui génère chez ceux qui le côtoient, des images mentales, des rêves, des souvenirs. On pourrait aussi bien concevoir notre cerveau à la fois comme un organe et une topographie. Ainsi, il est possible de voir dans la série *Talking Baloney* autant de représentations de notre propre capacité à naviguer à l'intérieur de notre corps, de voyager dans notre propre cerveau.

En 2003, j'organisais ma première exposition dans un musée. C'était une exposition d'œuvres abstraites qui posaient toutes, à leur manière, la question de la relation, du contexte et de la place du sujet. C'est sur le montage de cette exposition que j'ai rencontré G&C pour la première fois. Nous étions devant une peinture d'Olivier Mosset : un cercle noir sur fond blanc dans un format carré. Je l'avais accrochée à la même hauteur que la plupart des autres œuvres de l'étage. Une hauteur standard, suivant la ligne imaginaire qui passe par le milieu de la peinture, et se situe au niveau des yeux. « Tu devrais l'accrocher plus bas – m'avaient alors suggérés G&C – ce genre de travail doit résonner plus bas, « là », pas au niveau du regard ». « Là », c'est la poitrine, le cœur, c'est là que résonne la musique lorsqu'on l'écoute en concert, c'est là que l'on ressent le centre du son lorsqu'elle met en vibration tout notre système nerveux, notre squelette et nos organes. Ce que me disaient G&C, c'était que la peinture de Mosset ne devait pas être vue uniquement avec les yeux, mais avec tout le corps. C'est étrange de repenser à cela aujourd'hui, alors que je viens de passer par les méandres psychoactifs de leur travail. Je sais maintenant, presque vingt ans plus tard, que les cercles de Mosset ne sont pas uniquement le « degré zéro » de la peinture, mais aussi des cibles qui vibrent, s'animent et nous emportent ailleurs si on sait les utiliser, comme dans le film de Serge Bard, *Fun and Games for Everyone* (1968), dans lequel les peintures deviennent le décor d'une fête psychédélique.

Le zéro, la pilule, les sculptures en plâtre blanc. Et maintenant les tubes, dont le cercle, sur la peinture dont je me souviens, pourrait être comme l'entrée, mais vue de face.

Tout cela pourrait sembler n'être que spéculation. Mais d'autres preuves viennent à l'appui. En 1966, Adrian Piper qui a fait un usage du LSD quelques mois auparavant, réalise une série de peintures singulières qui condensent les choses qu'elle a vues, senties et apprises durant ces expériences. Dans un entretien avec Matteo Guarnaccia en 2003, l'artiste explique que, pour elle, l'art psychédélique, s'il avait été progressivement réévalué, restait en partie ignoré, incompris et rejeté par les institutions, parce que, comme pour l'art politiquement engagé, « les gens ne peuvent pas s'identifier au niveau des tripes ». Mais les temps ont changé, et les utopies de la première révolution psychédélique hantent les limbes de la mémoire culturelle.

L'impulsion collective, vaporisée par la puissance de séparation néolibérale, semble rester en suspens dans l'air politique, et c'est là que G&C dirigent le regard, cristallisant quelque chose comme une pulsation, un désir, une nécessité entravée de quelque chose de commun. L'expansion des consciences par les technologies est devenue un immense et silencieux désastre. L'œuvre de G&C revient de là, ramène à la surface les restes mélangés d'une grande fête apocalyptique.

C'est aussi cela, *Le Groupe et la Famille*, des gens qui s'identifient, au niveau de l'expérience. Ils sont les membres d'une expédition commune, modifiés, à l'image des sculptures-instruments, de l'autre côté du miroir, tout leur corps, leur esprit est un outil, à la fois émetteur, et récepteur : c'est ça être un ensemble – c'est donner, et recevoir. Et les tripes (c'est étonnant d'ailleurs qu'en français cela sonne comme *trip* en anglais) dont parlait Piper, ce deuxième cerveau, sont le sujet et la forme même des *Baloney!* : les tubes dans lesquels notre conscience voyage, le zoom constant dans les choses et le son qui avance sans cesse, en avant, toujours en avant, sur place, jusqu'à l'extase de la musique de danse et de transe, qui met en oscillation tout notre corps, en partant du milieu, de nos entrailles, pour rayonner vers l'extérieur, et les autres. Ce sont aussi les méandres de la topographie de notre propre cerveau, que nous avons explorés, sans nous déplacer, sans peut-être même le savoir. Nous voilà, là, avec un corps technologique et organique retourné, écorché, face à nous, invitation à un voyage mental, que l'œuvre à la fois présente et suscite, et qu'évoque une expression intraduisible en français, mais qui décrit, il me semble, le mieux et encore mieux cet état, cette pratique, cette influence : *mind racing.*

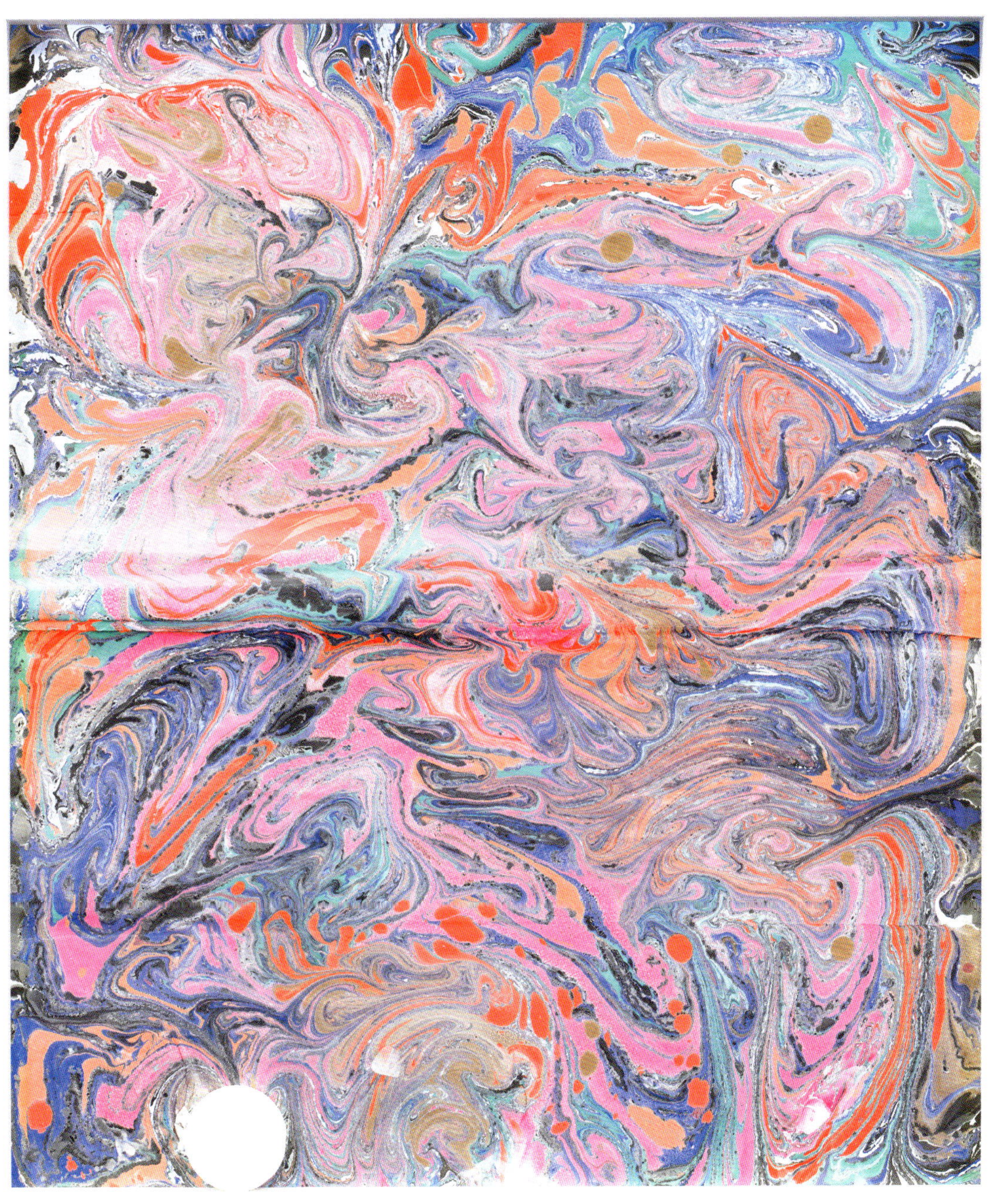

Le Groupe et la Famille S28, 2012

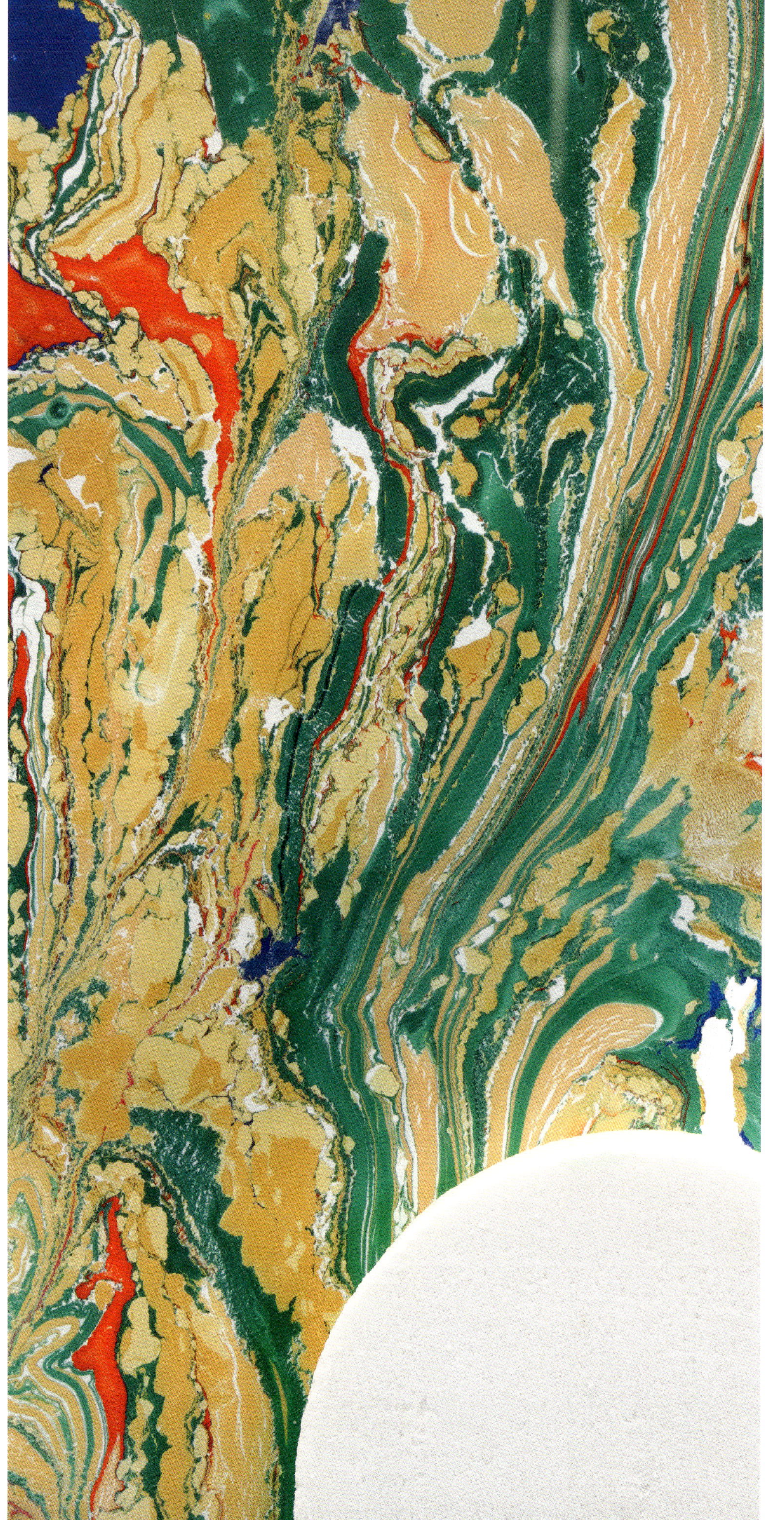

Mind Racing

Yann Chateigné

The peculiarity of psychedelia is that we have an off-beat relationship with it. It is as if we were circling around something, pushed back by both sides of time, which separates us from an experience that has become elusive. This problem, if it is one, may well apply only to artists or people who, like me, are interested in inner movements of consciousness. One of the reasons why I consider it important to enter into this text as one might navigate in unknown waters lies in the fact that it is precisely in this still partly uncharted space, in our deepest being, that one of the most profound, invisible conflicts is currently being waged. Our nervous systems are effectively engaged in a constant struggle with other nervous systems, be they technological or economic, involving the media or security, all related to capitalism. But alongside this and as if to mirror what we could describe as a form of psycho-political colonisation, our bodies have become the most powerful individual and collective, sensory and political fields for experimentation and invention of our time.

According to Michel Foucault, since the eighteenth century biopolitics has been based on new forms of physical domination and control. Until then, sovereigns had held the right of life and death over their subjects, basing their power on the threat of confinement, exclusion from society and execution. With the advent of the Enlightenment, power was exercised more subtly, through institutions such as schools, hospitals and factories. The study, monitoring and disciplining of existences was set in motion, until the hold became entrenched in flesh, lifestyles and the daily lives of individuals. For some thinkers, including the Korean-born Swiss-German philosopher Byung-Chul Han, the situation changed again during the 1970s and 1980s when the controlling of minds was added to that of bodies. He describes this as the transition from biopolitics to psychopolitics, or how the management of emotions, the capturing of attention and the exploitation of freedom have become the new devices of control in the neoliberal era.

Psychedelia is directly linked to 1960s liberation politics. During this period, the expansion of consciousness and the many concepts associated with journeys—flight, travel, trip—and which are connected with the use of drugs highlight the escape from the social structure. The libertarian impulse invites individuals to step off the rails and drop out. Using different techniques, we practice leaving Earth or even reality to take a different perspective on life here, to be far out. However, the term "psychedelic" also refers to the concepts of going out and outside; formed by the association of the Greek words *psykhe* (spirit) and *deloun* (to make visible, free). Coined by the English psychiatrist Humphry Osmond in 1956, it describes the liberating effects of psychoactive substances such as psilocybin (present in certain hallucinogenic mushrooms), mescaline (an active ingredient in peyote, a cactus from Mexico and the southern United States) and even LSD (synthesised "by mistake" by the Swiss chemist Albert Hofmann in 1943).

But the uniqueness of the psychedelic experience in an age haunted by foresight and control is—at the risk of becoming a cliché—to embody the possibility of being present, here and now. This hyper-awareness of oneself and the world in turn generates an absence. It is as though when our bodies are activated and connected, they allow part of us to lose consciousness. To take a "trip" with drugs, whether you dissolve your ego in a club crowd or observe its sensations at home, means that you are literally and metaphorically *gone*.

The intensification of sensations that invade the body and mind thus defy any attempt to confine this multi-sensorial immersion within the limits or conventions of language. One of the effects of psychedelic drugs is to literally saturate the nervous system, overdosing it with emotions and information, but also in the musical sense of the term, like the guitar sounds, overdrive, feedback and Larsen effect found in psychedelic rock. The intensity of individual experience, reinforced by collective hyper-connectivity, encourages forgetting and letting oneself go, forgetting everything. Whilst in a trance, we deepen the *memory lapse* typically found in accounts of psychotropic experiences or mystical illuminations.

When art forges links with the psychedelic experience, it encounters the same temporal grip. It happens either downstream or upstream of time, but hardly ever in the sensorial stage. Some artistic production effectively emerges from an attempt to reproduce the dislocation of meaning and the lessons of experience: artworks are like the maps, stories and translations of what is inexpressible. Other works do not represent "paradise" as such, but generate it in the minds of the subjects themselves, using artistic means to incite altered states of consciousness.

This article postulates that a myriad of psychedelic connections can be found within the works of Gaillard & Claude. I would like it to be able to follow their lineaments, as one's gaze might scrutinise, at the risk of losing itself, the intertwining of a mescaline drawing by Henri Michaux. I have often wondered what twenty-first century psychedelic art would look like. G&C's art could provide an answer. Theirs is an art that does not fully correspond to the canons of psychedelic aesthetics, but which is akin to its images and pollutes its modes of representation, whilst at the same time holding them at a distance and distorting them. It is psychedelic art seen through a psychedelic filter. For the utopian breach created by the opening of minds in the 1960s has been infiltrated by certain tentacles of power, trade and control. The artists' perspective has therefore shifted elsewhere, as if withdrawn, to operate on and in the nervous system in another way, from another point in time and space.

After

Begun in 2010, *Le Groupe et la Famille* is a series encased within large, white painted wooden frames and covered by thick panes of glass, which combines two elements that are always similar and yet different: a sheet of paper covering the entire area presenting a colourful landscape of organic shapes that intermingle and repel, hide and overlap, onto which is affixed an oversized, white paracetamol pill. Stuck onto the handmade paper, the pill containing 250 grams of active molecules is lodged at the bottom of the frame, giving the impression of having rolled there thanks to gravity. At first sight the work appears to be a manual or a kit for a psychedelic journey: on the one hand the tool—the pill—and on the other, the result, the explosions of colours, movements and textures that the former would induce.

However, as the legend states, the white disc is composed of paracetamol, an analgesic, the effect of which is not hedonistic. On the contrary, its substance soothes mild aches and pains, such as those felt the day after a party that lasted too long. As the artists point out, paracetamol is a "pyjama drug". The series therefore takes on a whole new meaning: it is not a pre-party image, a promise of emancipation, pleasure and forgetfulness, it is the moment after. The pill is what I take at home when the party is over. I close my eyes and on the screen of my accelerated consciousness, the film appears of things felt, sounds heard. I see these vast, abstract, contoured landscapes of G&C as if my whole body, my skin and my organs were a camera whose shutter duration could last for a whole night. On returning home in the early hours, I close my eyes and suddenly, imprinted on their surface, is this endless series of lights and emotions.

There is a contrast between the fluidity of the coloured patterns, the transparency of the colours, the sensual movement of these liquid images and the minimal simplicity, even formal austerity, of the pill. The marbling refers to as many moods and transitory atmospheres, sometimes delicate and ethereal, sometimes volcanic and powerful. Some evoke the characteristic ornamental motifs found in certain stones such as marble (*S18*), others are freer and more painterly (*S28*). Some evoke stormy skies (*S04*), others colourful and psychedelic arabesques. These almost living peculiarities, variations in shapes and relationships obtained from the colours levitating in the liquid, contrast with the generic dimension of paracetamol, a symbol of the standardisation of pharmaceutical laboratories.

To create *Le Groupe et la Famille*, G&C used a technique inspired by that of marbled papers practised in bookbinding:

a sheet of paper submerged in a tank of water is permeated by pigments in suspension mixed with a binder. Created horizontally, this "painting" retains the trace of a liquid instant. Like the absorbent support onto which the LSD drinkers deposit the substance, the individual who experiences it is also completely impregnated. Here, the work is achieved by immersing the entire medium in the coloured mixture. Produced in a few simple steps, it is not the result of printing on a medium, but of submersion.

The process, partly planned and controlled, partly random and unpredictable, depends on the chemistry and the reaction of the elements. The artists are also interested in this meditative dimension in the practice of marbling. As G&C remind us, it is used in a number of therapeutic workshops. Something clashes here again, between the medical and industrial dimension of paracetamol, and the healing power of colours in suspension.

This production process is actually very similar to that of 1960s psychedelic light shows. Mixing the projection of slides, films and pure colours, the effects were notably produced by the projection of light, using an overhead projector, diffused through transparent bowls filled with water in which oils and pigments were deposited. The heat of the lamp set the liquid in motion, which generated bubbles and drips, fascinating animations created by infinite and constantly changing variations. But if the two projects share the same interest for a certain organic plasticity, the result differs: the lively, ephemeral quality of the light shows that accompanied sixties' concerts corresponds to a form of fixity and assumed coldness in G&C's series, which is reinforced by the presentation of the object behind a glass pane.

The presence of the pill in the composition further heightens this sense of distance, of game-over. Its form evokes the endpoint of an era that seems to resonate, like a relic, in the background of the composition. While the fixed, framed light show speaks of the utopias of the last century and a dream of collective fusion, the pill refers to another vision of community. The 250 grams of substance that compose it could indeed be divided into a number of doses that would correspond to the possible number of guests at a medium-sized party, or the extended network of a sociable person. In G&C's work the expansion of consciousness in the meanders of collective pleasure contrasts with the chemical anaesthesia of the day after a party.

We certainly find here one of the meanings of the series. The series *Le Groupe et la Famille* resonates like a backlash, the experience of one, long, exponential crisis. After the 2008 financial crash, the erosion of the night, the advent of the cocoon society and social atomisation and isolation, these works ask us what we have in common, apart from this great collective pill. What do we share, once the party is over?

In *Antalgic 2035* (2018) G&C suspended a dark windcheater on a hanger on the wall, its empty sleeves holding an oversized paracetamol pill. To the right of it hung a framed photograph of a blue sky emerging from behind a mass of clouds.

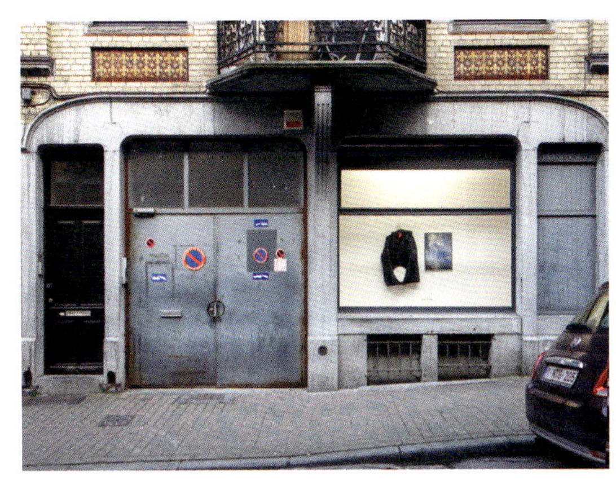

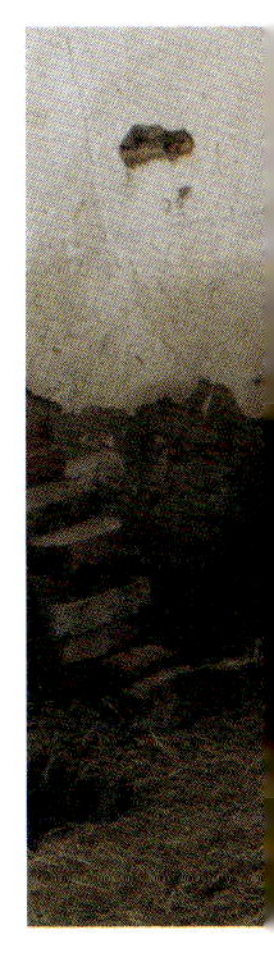

↑ Vue de l'exposition / Exhibition view *Antalgic 2035*, 76.5, Bruxelles / Brussels, 2018.

The image evokes an uncertain time, a brightening, the arrival of something that seems to be opening. Like the marbled papers, it is a way of referring to climates: those of the weather, as well as interior, social and political climates. The windcheater enables us to be prepared at all times, to weather thunderstorms; paracetamol allows us to survive a mental storm.

As well as being an observation of a certain finitude, the works of G&C also suggest an openness: herein lies the meaning of the garment that remains empty, the available pill, the open assemblies offered by these works. They suggest that we should inhabit them, or to invent other ways of being together, in the ruins of liquid society: what is a group, what is a family? What is a collective, how do we join together? Haunted by the strange depths of these turbulent landscapes, I think of this piece as an invitation: what if, rather than being nostalgic, we started to reinvent what it means to be together?

Before

In 2015 G&C began producing a series of hybrid sculptures, a cross between musical instruments and body parts, between fruit, organs, prostheses and technical objects. They are made of hollow, immaculate, perfectly smooth plaster. A slit suggests they are wind instruments. Although some evoke instruments from the woodwind family (a flute) or brass (a saxophone of the future or from the distant past), each object is in reality unclassifiable and synthesises a flow of references in a simplified, almost generic form. Each sculpture defies description. They belong to several distinct worlds (animal, plant, technical), while reinventing themselves within their own category. Thus *Pipe/Bone* can be perceived as a flute or a trunk-femur, *Acorn/Ocarina*, a head-hazelnut-ocarina, while *Slit Drum/Tooth* is as much a buttock-rhombus as a tooth-slit drum, *Double Flute/Pants* is a flute-legs or bagpipes-trousers. *Saxo/Woolley Monkey Tail* is reminiscent of a saxophone-tail or a horn-penis.

G&C have often employed the strategy of montage/collage, whereby two things meet and create a magnetic, electrifying

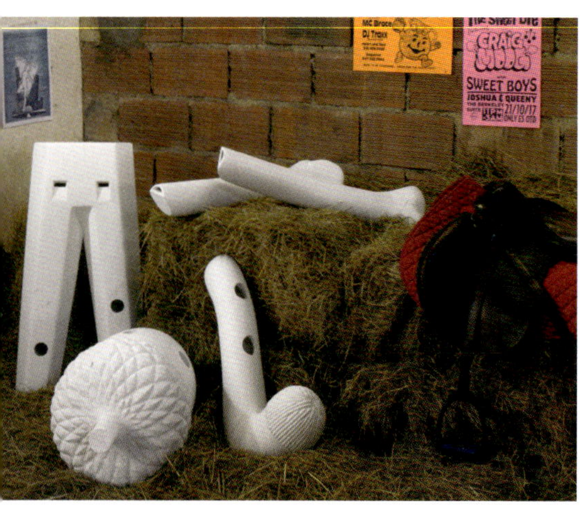

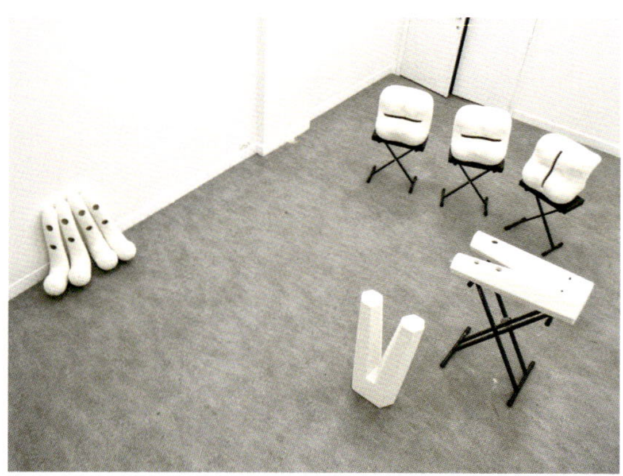

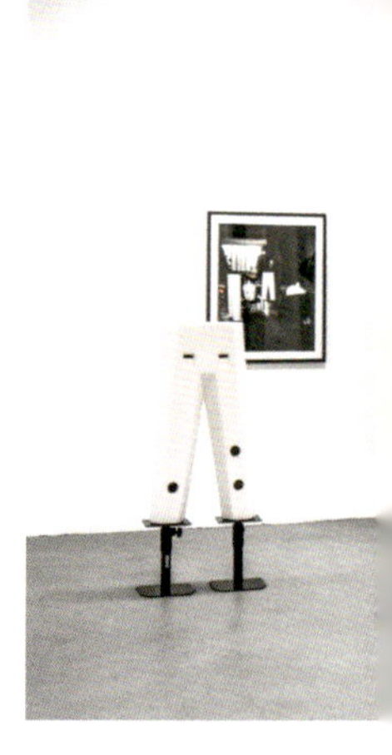

connection. Meaning slips away and the mind is caught up in the space generated between the attraction and contrasting of elements. This is the case in *Le Groupe et la Famille*, with an analgesic placed on marbled paper. It is also the case in *OO* (2009) and *UU* (2013). In the former, part of an archer's bow in coloured resin is suspended, held by red K-Way sleeves coiffed with a skull cap made of recycled black tyre and pierced with two holes. The latter presents a garment, a windcheater similar to the one in *Antalgic 2035*, inside a plaster shape reminiscent of a stele. It is as though the sculptures are themselves hallucinating, subjected to a kind of fusion, making them appear to morph: one thing enters another, then another, generating as many conceptual chimeras.

Presented for the first time at Les Bains Douches in Alençon in 2015, the instruments were arranged on furniture usually found in concert halls or recording studios: the instrument objects were placed either on standardised black keyboard or microphone supports, or on a wind instrument stand. An armchair was also placed in the space and accommodated one of the sculptures. G&C's instruments are neither solely technical objects nor solely body parts; they are also members of the same family. Furthermore, as hybrid, technological, plant, human, animal, and even mineral beings all at the same time, they are presented as the sometimes strange and friendly, sometimes visionary and disturbing members of the same group, in both the social and musical sense of the term. As such, the title of the exhibition is equivocal: *A Proper Orchestra Is Fun for Everyone!*

The following year the series was shown at Établissement d'en face in Brussels, under the title *Early Development of Calculus*. It turns out that this art space, which stands opposite the Palais des Beaux-Arts, is also a stone's throw from the Musical Instruments Museum. This spectacular ethnomusicological collection (more than eight thousand instruments from different eras and geographical origins) is one of the artists' sources of inspiration. Unlike the visit orchestrated by the museum, G&C do not make their sculpture-instruments audible.

← *Flutes at the Barnes*, photographie / **photograph**, 41 × 61 cm, 2019.

↑ Vue de l'exposition / **Exhibition view** *Early Development of Calculus*, Établissement d'en face, Bruxelles / **Brussels**, 2016.

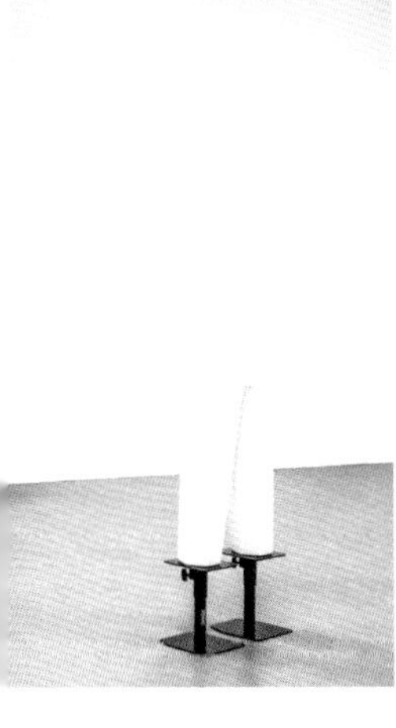

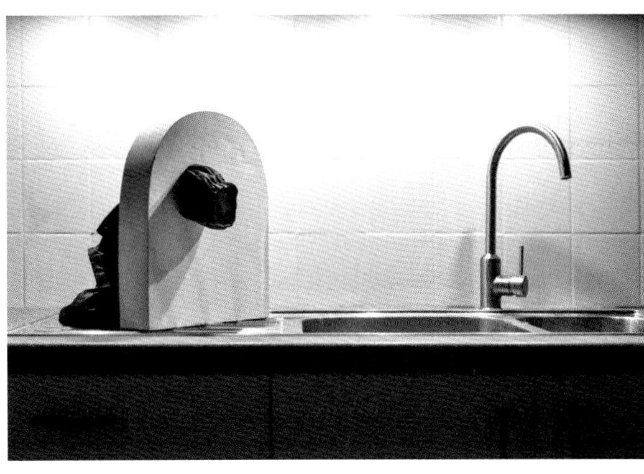

↑ Vue de l'exposition / **Exhibition view** *Books and Objects*, 2018, P/////AKT, Amsterdam

→ *UU*, vêtement de pluie, plâtre / **raincoat, plaster**, 33,5 × 37 × 25 cm, 2013. Vue de l'exposition / **Exhibition view** *Inside 15*, 15 rue Léon Lepage, Bruxelles / **Brussels**, 2013.

The forms remain in waiting. The unpainted plaster and spectral white of the objects reinforce this feeling of incompleteness, of withdrawal. The orchestra members are likeable, but they don't "play". They don't play "the game". As in *Le Groupe et la Famille*, the work straddles an absent time: is the psychedelic journey about to begin or is it already over? Here, the time of music being played in a group and the shared ritual of the concert remains undecided.

The instruments' whiteness could evoke imaginary archaeological objects which have been unearthed from the past and lost their colour. But their geometric form, simple design and the way they are made lend them a digital, synthetic dimension. Each element of the ensemble could therefore refer to the method of composing repetitive, electronic music, which involves the arrangement of fragments, patterns or samples according to various configurations and relationships that are mutually and potentially endlessly transformed. Derived from the installation, the vinyl record *Monkey Puzzle* gives an additional clue to understanding the series. Released in 2015, the structure of this musical composition by G&C is almost identical to the series of sculptures. The sound entities repeat themselves, resonate, distort and repel each other to generate a long, progressive sense of trance, an abstract, vibrating mass of sound that evolves and advances hypnotically.

The term "calculus" refers to mathematics and computer calculation. Plaster, a material connected with the history of copying and reproduction, is also a technology, just like computers. In 2016, G&C's *Apra Copy Shop Brussels* featured the same sculptures installed on industrial photocopiers: the encounter of two extremes in the history of reproduction. Until the revolution of the fine arts academies in the last century, plaster played a role in transmission and education. In every art school in the Western world, until they were replaced by books and pictures, and then the internet, there were plaster models of artistic beauty (from the history of sculpture) and of nature (casts of plants, animals, etc.). It could be said that *Early Development of Calculus* presents a history of the image that

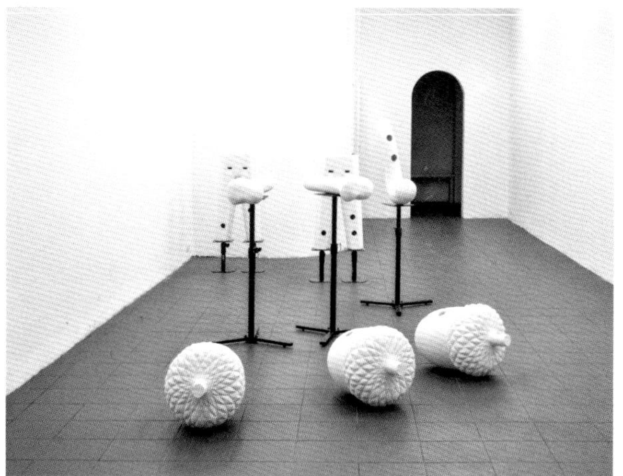

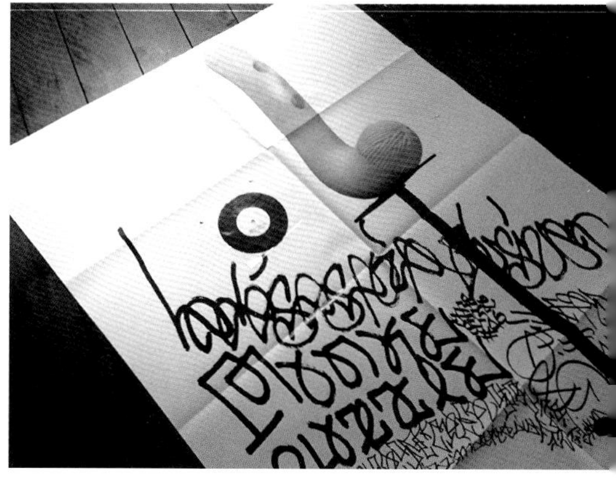

connects casting and mechanised reproduction, museums and computers in a speculative, silent mental continuum.

Psychedelic drugs are also technologies. They modify our perception, allow us to feel new things and discover unknown capacities in our bodies. Since their earliest works, G&C have in fact often explored the relationships between new modes of perception and visual technologies, between optics (*Grand Optical Soul Center*, 2005) and the screen for example (*Symposium in Copenhagen*, 2006). Drugs can also be seen as mediums, in the twofold, esoteric and technical sense of the term: on the one hand, they reveal things that are invisible; on the other, they have the power to connect individuals. Thus music is a vehicle, and the musicians are the pilots guiding the listener on the journey. Like a ship, the musical apparatus is steered by the members of a crew who become one with their passengers. This is one of the meanings of G&C's series of instruments, which presents what happens in the "vehicle", behind the reconstituted images in *Le Groupe et la Famille*. The sculptures navigate from one spatio-temporal landmark to another, in the unknown of the moment. The cosmic dimension of electronic music is based on this organic way of travelling through the notes as if they were a constellation and then, when the journey is over, returning to the initial pattern, as if landing after a long-haul flight.

But the concert remains silent. Are the sculptures sitting on their seats listening, or getting ready to play? Are they part of the orchestra or the audience? Will the music begin, or are we hearing the final notes? The disquiet that pervades G&C's series lies in this constantly shifting "future": the band does not make a sound. It seems to be on hold. Has the group withdrawn? Is its silence a form of human strike, voluntary anaesthesia or protection? Is it a way of playing without playing? Negative participation? Staying there, doing nothing, like Bartleby, the antihero in Herman Melville's short story who, by uttering only one sentence, "I would prefer not to", produced an error in a nineteenth-century system that was already demanding that we act, produce and state.

← Vue de l'exposition / **Exhibition view** *Early Development of Calculus*, Établissement d'en face, Bruxelles / **Brussels**, 2016.

↑ *Monkey Puzzle*, édition digitale / **digital print**, 118,8 × 168 cm, 7" single, 3'12", 45 rpm, *Hors-série #46*, MOREpublishers, 2015.

Today, compulsory participation has increased exponentially. The incessant appearance, mediation and media coverage have shifted the viewpoint, placing us in a position of permanent connection and contemplative passivity, constantly hooked up to a world that is unfolding without our being able to act. I imagine G&C's group like the Terracotta Army found in the ancient tomb of Emperor Qin in China: they were waiting there for centuries, ready to act, although their journey through time was subterranean and invisible. It is as if the opposing forces could not be defeated from within, so G&C's sculptures step aside. Their music is telepathic, their waves elusive. It is certainly no coincidence that they are reminiscent of wind instruments, activated by breath. An invisible, vital and fragile force, breath is also the wind that discreetly animates and erodes the forms of the world.

Materia

In the title of the series *Talking Baloney* (2020) there is a reference to and even a mistrust of language and speech. It is no longer linked to the unspeakable, to refusal and silence, but to speaking for speaking's sake. In American slang, "baloney" means "nonsense". The series is made up of a set of bas-relief frames made from interwoven polyurethane tubes fixed onto an aluminium structure. The material, a flexible polymer forming sausage shapes, is pigmented by the artists and then tied onto an almost neutral background. Moulded in the same material, it provides a backdrop in a slightly different tone. A polyester label is attached to one end of the strand with the word "NON" in capital letters written on it.

The press release accompanying the first presentation of the series at the Deborah Bowmann gallery recalled that Henri Michaux (who lived in Rue Defacqz in Brussels, a short distance from where G&C live) had spent almost his entire working life refusing invitations, collaborations and exchanges with the literary and artistic world. In 2012 the artists also photographed one of his letters of refusal in the Royal Museums archives. G&C made a collage, which was then published. The text is scathing. In 1972, in response to Jean Stevo, a Belgian artist and critic who offered to write about his work, Michaux wrote: "Please do not write about me. Let us stay in our different worlds... . No rapprochements. Not desirable."

The nonsense evoked by the convolutions of *Baloney!* refers to this refusal. No affinities. No Sense. The knots, which are all different, are loose, as if unfinished. They seem to have been abandoned mid-way, as if unable to muster the energy to complete the sentence. The knots empty the discourse of its substance and neutralise its meaning by exhausting it in the contortions of form. The bursts of colour that liven up the material reveal the almost monochromatic dimension of the whole, evoking a sort of entropic brown-grey.

This non-colour echoes the unique nature of the material: insulating, flexible polyurethane is omnipresent in our environment, from our bike saddles to the roofs of our houses, from the soles of our shoes to the furniture on which we sit. It is even found in some pharmaceutical products. The straps on the back of G&C's works are reminiscent of a construction element and refer to the reverse side of the decor, which is also the back of the things that surround us, because polyurethane is hiding everywhere beneath coatings and casings. By revealing its existence, G&C are in some way turning the glove of the material world inside out, exposing the raw material from which the things we touch and that touch us are made. The NON brand label manages to capture the functional, intimate and tactile but also the commercial and industrial potential of a sculpture that refers to clothing. The artists also "turn" evolution in their own use of materials, in the form of a conceptual loop. The fascinating fluidity of the pigments combined with the resin of the marbling is succeeded by their capacity to imitate white plaster. Polyurethane then allows them to return to colour through a malleable, expansive substance.

In his lectures on *The Neutral* at the Collège de France in 1977 and 1978, Roland Barthes asserted that shading or greyness could substitute composition obtained through the contrast of colours, as they stand out by means of the art of nuance. As in *Baloney!*, grey covers the entire surface and becomes a space that is subject to minute variations. This is the moiré effect as Barthes says or, as in the characteristic effects of psychedelia, "irridescent" effect, a gradation of colours whose appearance changes depending on the direction from which it is seen. Reflections and waves of shimmering light contrast with the heavy, industrial, negative connotation of the material. G&C's reliefs thus become a kind of psychedelic painting, whose raw material is one of the physical and invisible master copies of our daily lives.

In Andrei Tarkovsky's film *Solaris* (1972), based on Stanislaw Lem's 1961 novel, the planet-ocean that the scientists study and see from their spaceship's portholes is a matrix with opalescent reflections. Just as in G&C's works, we slowly realise that it is generating our reality. The shimmering ocean of *Solaris*, which lives silently outside the human world, is equivalent to the peculiar pulsation that emerges from G&C's works. The shapes of their knots, those strange ampersands or silent graphic symbols, also function as maps and paths in an imaginary space. The marbling of *Le Groupe et la Famille* evoke the trance of the gaze, while the potential music of the sculpture-instruments provides its silent soundtrack. *Baloney!* is like the mental path drifting through the labyrinth of consciousness that is suddenly materialised in the psychedelic trip. The scales and the focal lengths are altered: the path is formed in three dimensions, as one would follow the meanders of the mind.

The tube is the formal emblem of perception under the effects of the drug. It is also that of navigation, networks and the experience of contemporary media. *Baloney!* can therefore be seen as a representation of a psychotropic journey and a technological immersion, of wandering in another dimension on the reduced scale of a model, or through a space that is suddenly seen from above. In *Solaris*, we note that the ocean is actually a huge living brain which generates mental images, dreams and memories in people who are close to it. We could equally imagine our brains as being both organs

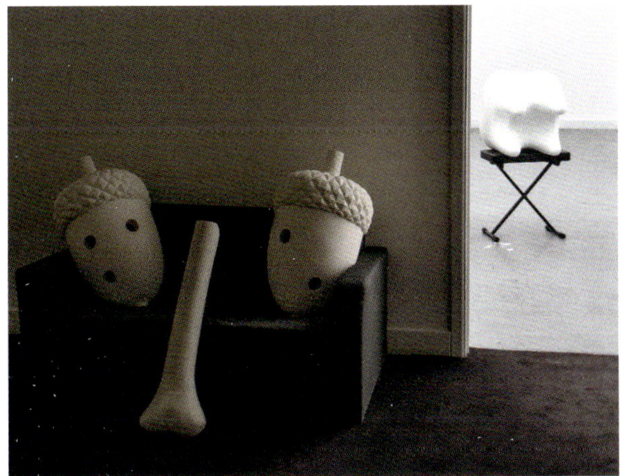

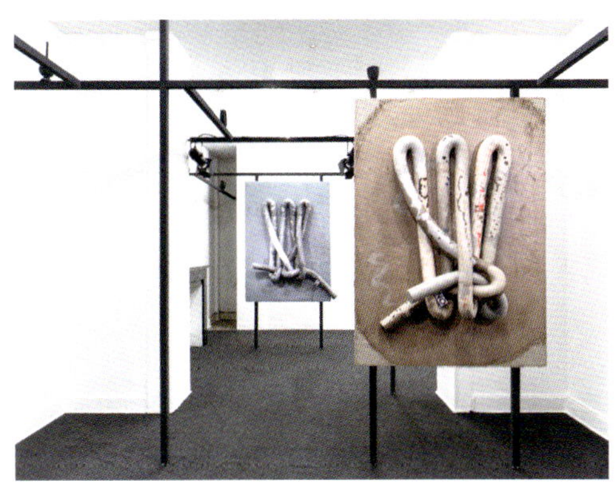

↑ Vue de l'exposition/ **Exhibition view** *Early Development of Calculus*, Établissement d'en face, Bruxelles/**Brussels**, 2016.

→ Vue de l'exposition/ **Exhibition view** *Talking Baloney*, Galerie Deborah Bowmann, Bruxelles/ **Brussels**. Scénographie/ **Scenography** : Deborah Bowmann et/**and** photo : Kristien Daem.

and topographies. Thus, it is possible to see in the *Baloney!* series the representations of our own ability to navigate inside our bodies and travel in our own minds.

In 2003 I curated my first exhibition in a museum. It was an exhibition of abstract works, all of which in their own way posed the question of relationship, context and the place of the subject. It was while I was setting up this exhibition that I first met G&C. We were in front of a painting by Olivier Mosset: a black circle on a white background in a square format. I had hung it at the same height as most of the other works on the same floor. A standard height, following the imaginary line that passes through the middle of the painting, at eye level. "You should hang it lower", G&C had suggested to me. "This kind of work must resonate lower, 'there', not at eye level." "There" was the chest, the heart; it is there that music resonates when we listen to it at a concert, it is there that we feel the centre of the sound when it sets our entire nervous system, our skeleton and our organs in vibration. What G&C were telling me was that Mosset's painting should not be seen with the eyes only, but with the whole body. It's strange to think about that again today, when I've just visited the psychoactive meanders of their work. I now know, almost twenty years later, that Mosset's circles are not only the most fundamental level of painting, but also targets that vibrate, come alive and take us elsewhere if we know how to use them, as in Serge Bard's film, *Fun and Games for Everyone* (1968), in which the paintings become the backdrop for a psychedelic party.

Zero, pill and white plaster sculptures. And now the tubes, whose circle, on the painting I now recall, could be the entrance, but seen from the front. It might all seem like speculation. But other evidence seems to support it. In 1966 Adrian Piper, who had used LSD a few months earlier, produced a series of unique paintings that made visible the things she saw, felt and learned during these experiences. In an interview with Matteo Guarnaccia in 2003, the artist explained that in her view, although psychedelic art had been gradually reassessed, it remained partly unknown, misunderstood and rejected by institutions because, like politically engaged art, "people just can't relate [to it] on a gut level". But times have changed, and the utopias of the first psychedelic revolution haunt the limbo of cultural memory. The collective impulse, vaporised by the power of neoliberal separation, seems to hang in the political air, and this is where G&C direct their gaze, crystallising something like a pulsation, a desire, a hampered necessity to have something in common. The expansion of consciousness through technology has become a huge, silent disaster. G&C's work returns from there, bringing to the surface the mixed remnants of an immense apocalyptic party.

This is also what *Le Groupe et la Famille* is, people who identify with each other, in terms of experience. They are the members of a shared, modified expedition like the sculpture-instruments, on the other side of the mirror; their whole body, their mind is a tool, both transmitter and receiver. This is what it means to be a whole—it is about giving and receiving. And guts (it is also surprising how the English word "tripe" and the French word for guts "tripes" are similar to the word "trip") which Piper spoke of, this second brain, form the subject and even the shape of *Baloney!* They are the tubes through which our consciousness travels, zooming into things, and the sound that persists endlessly, moving forward, forever onward, in the same place; where we experience the ecstasy of music, dance and trance, making our entire bodies oscillate, starting from the inside, from our entrails, and radiating outwards, towards others. They are also the meanders of the topographies of our own brains, which we have explored without moving, perhaps without even knowing it.

So here we are, with our technological, organic bodies turned inside out, tormented and confronting ourselves, invited on a mental journey that the works both offer and incite, and which I think is best described by the term that also encapsulates the state, practice and influence: *mind racing*.

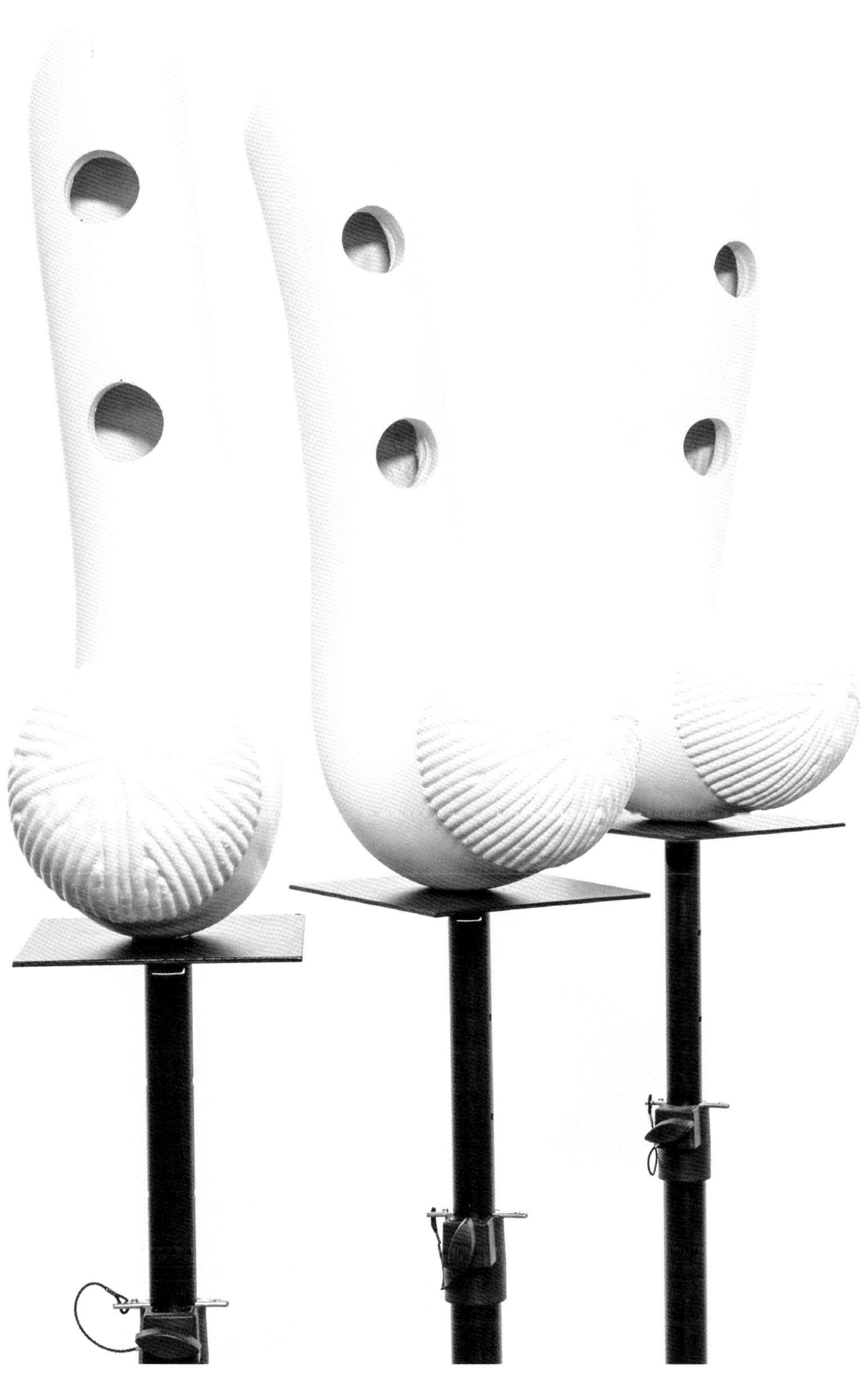

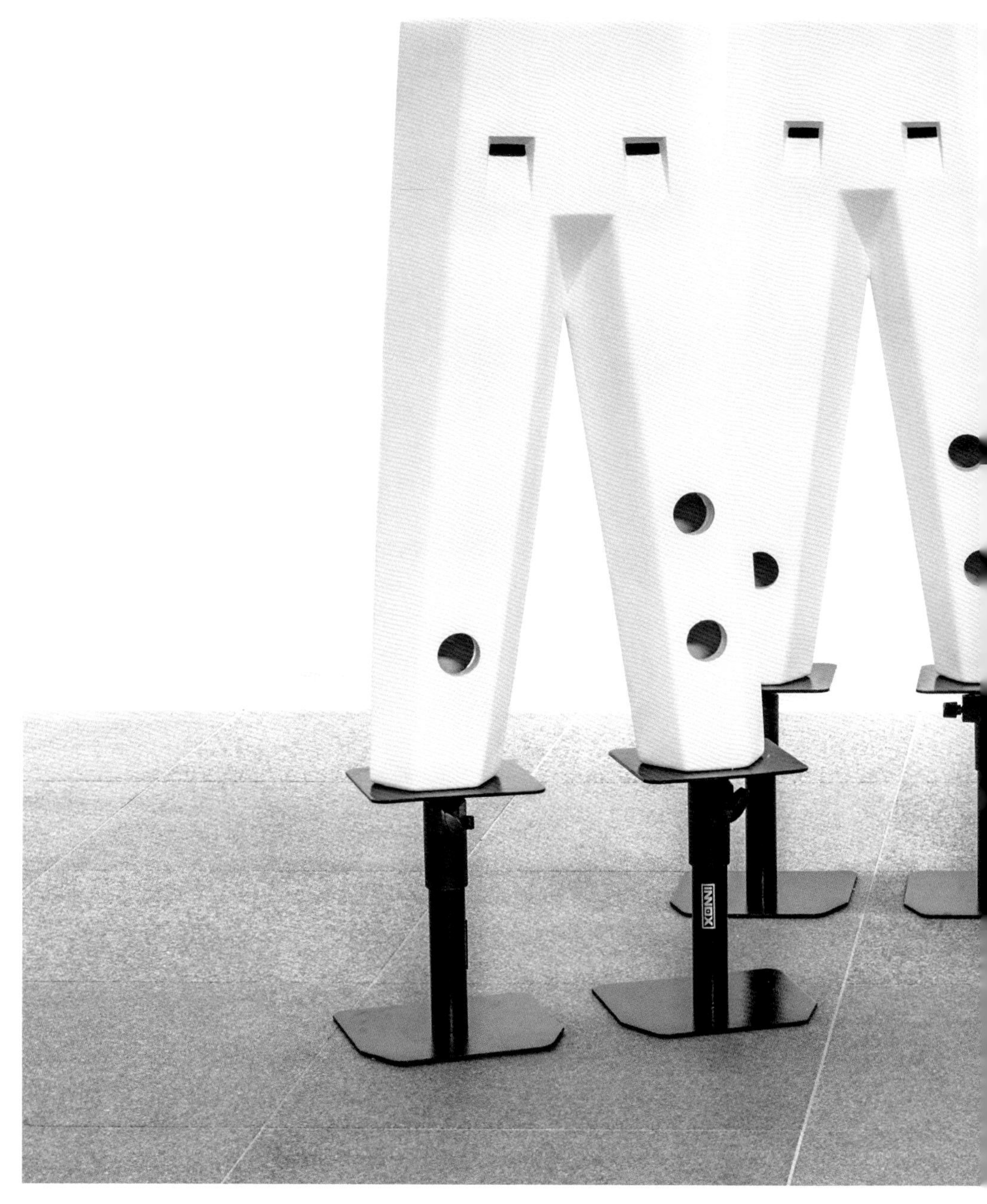

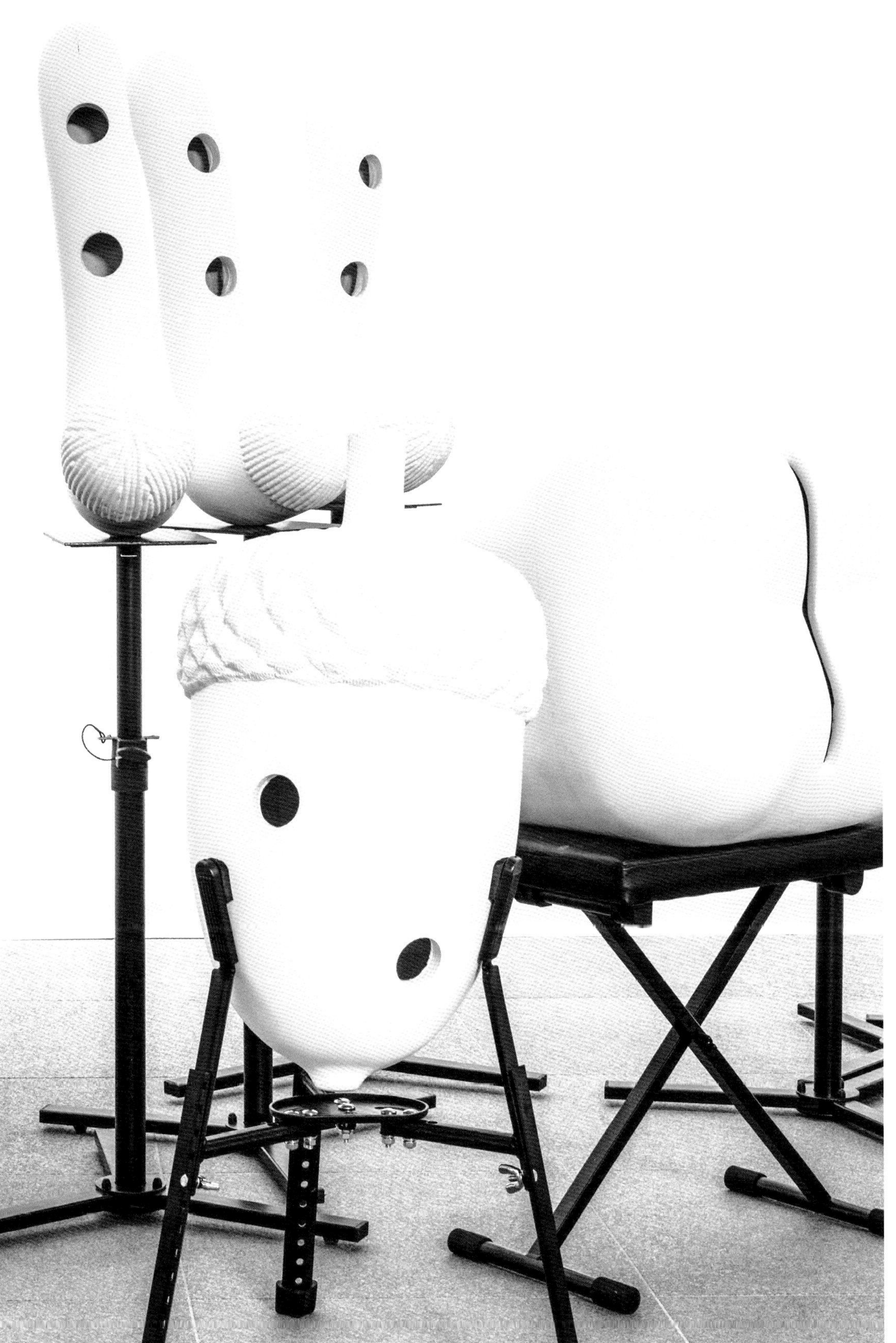

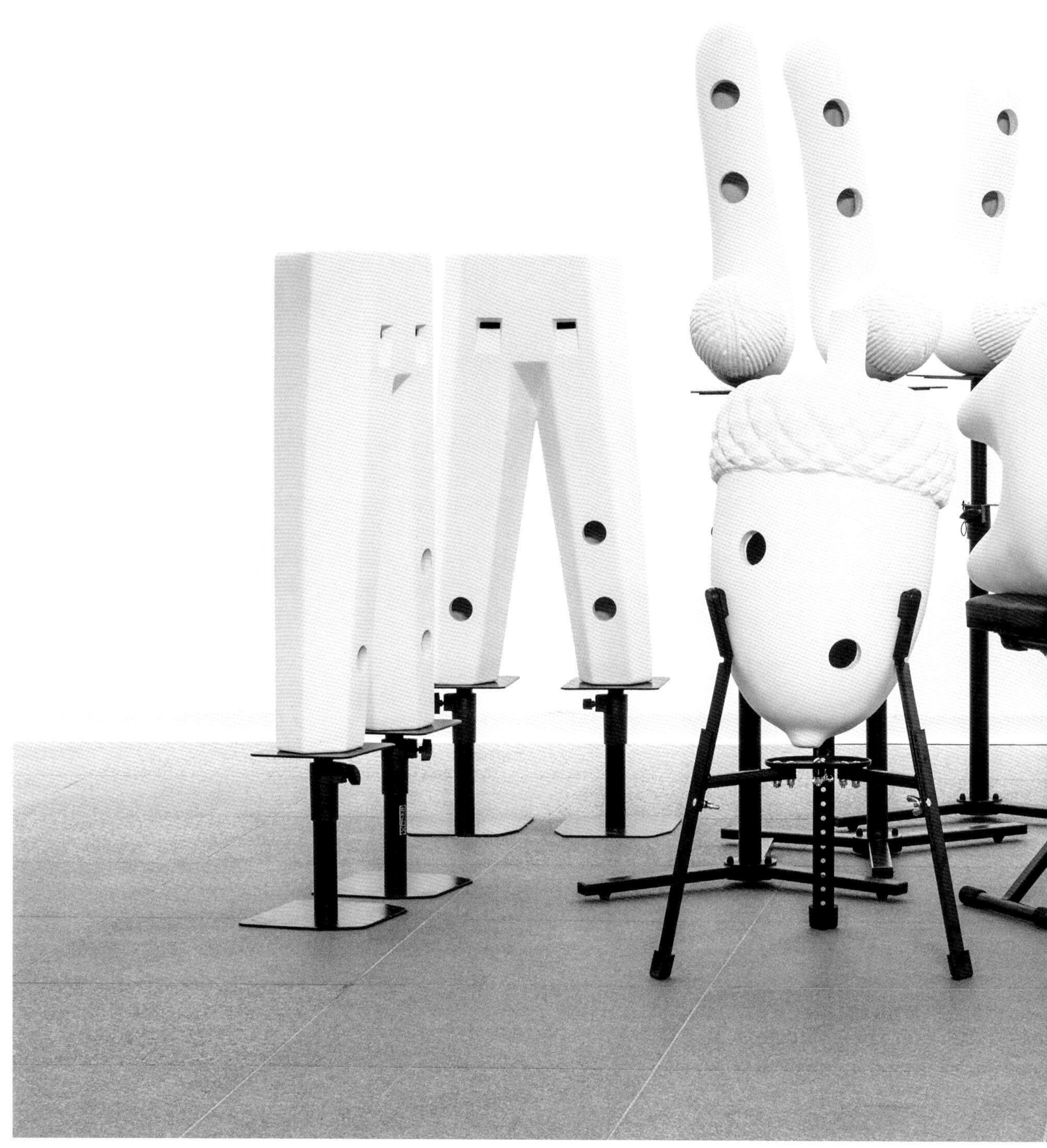

Une paire de double flûtes-pantalon, trois saxos-queue de singe laineux, deux tambours à fente, trois glands-ocarina à 2, 3 et 4 trous, une paire d'os pipeaux / A pair of double flute-pants, three saxo-woolley monkey tails, two slit drums, three acorn-ocarinas with 2, 3 and 4 holes, a pair of pipe bones. Plâtre, supports de congas et d'enceintes, tabourets de piano, compositions variables / plaster, speaker and conga stands, piano stools, variable compositions, 2015-2016.

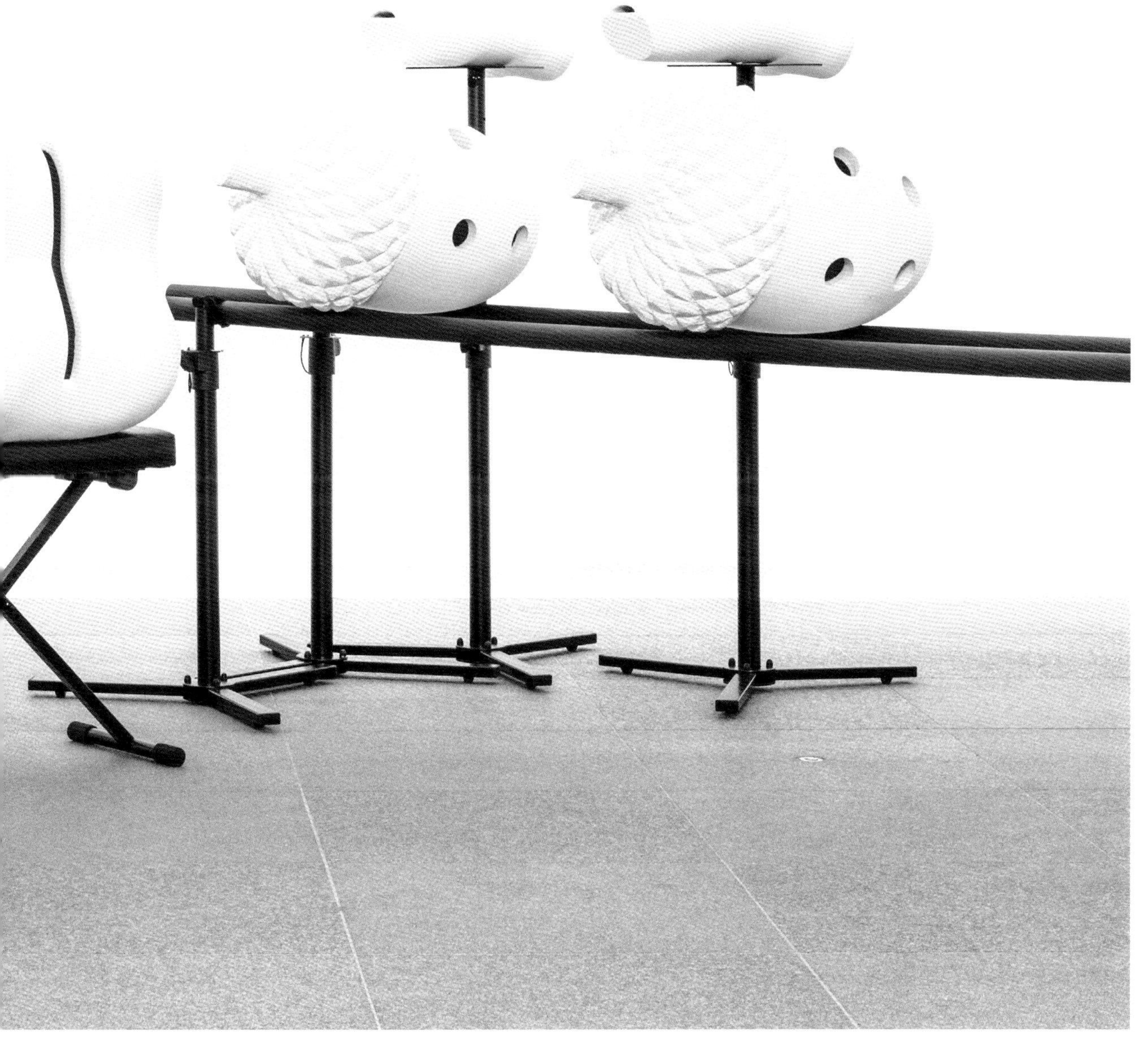

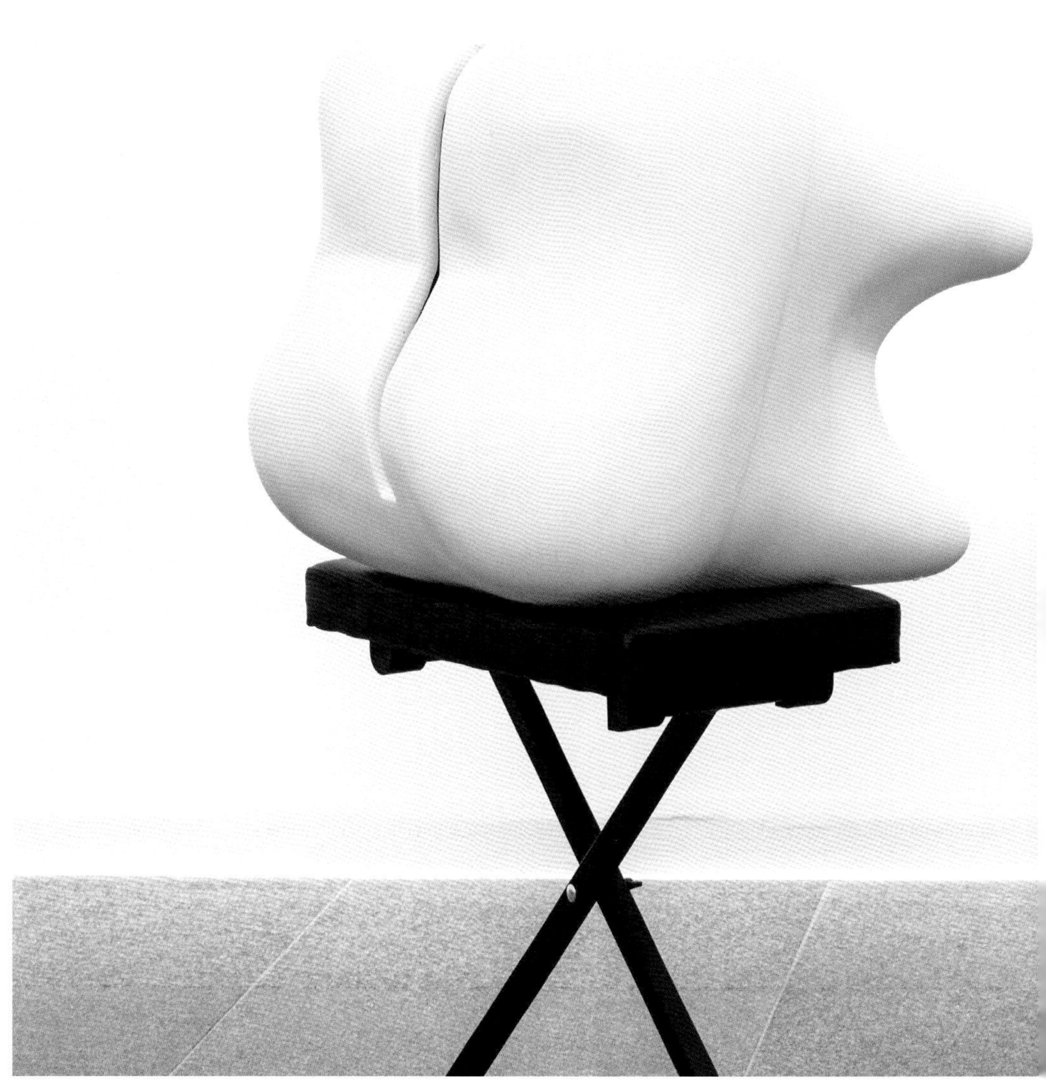

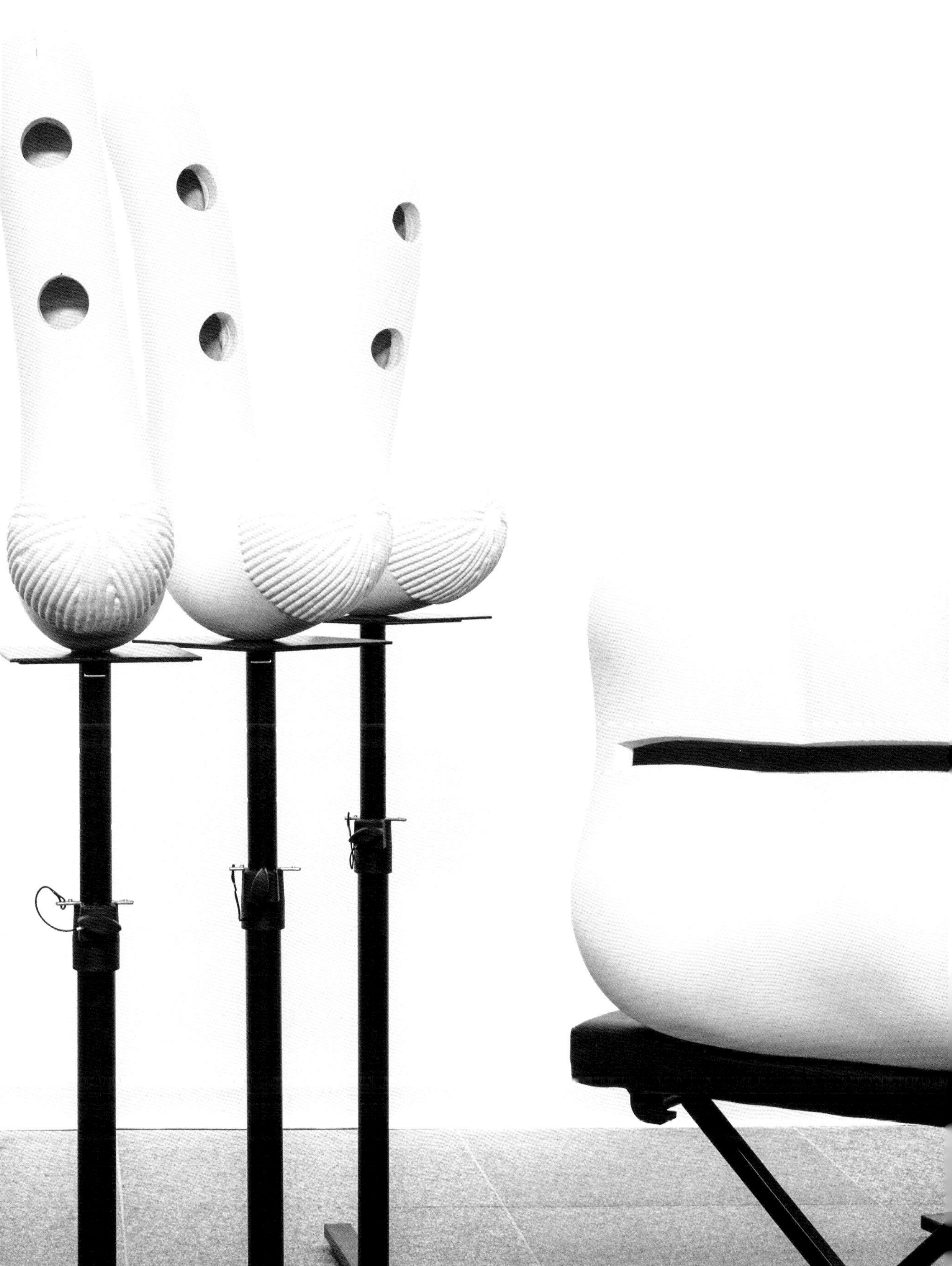

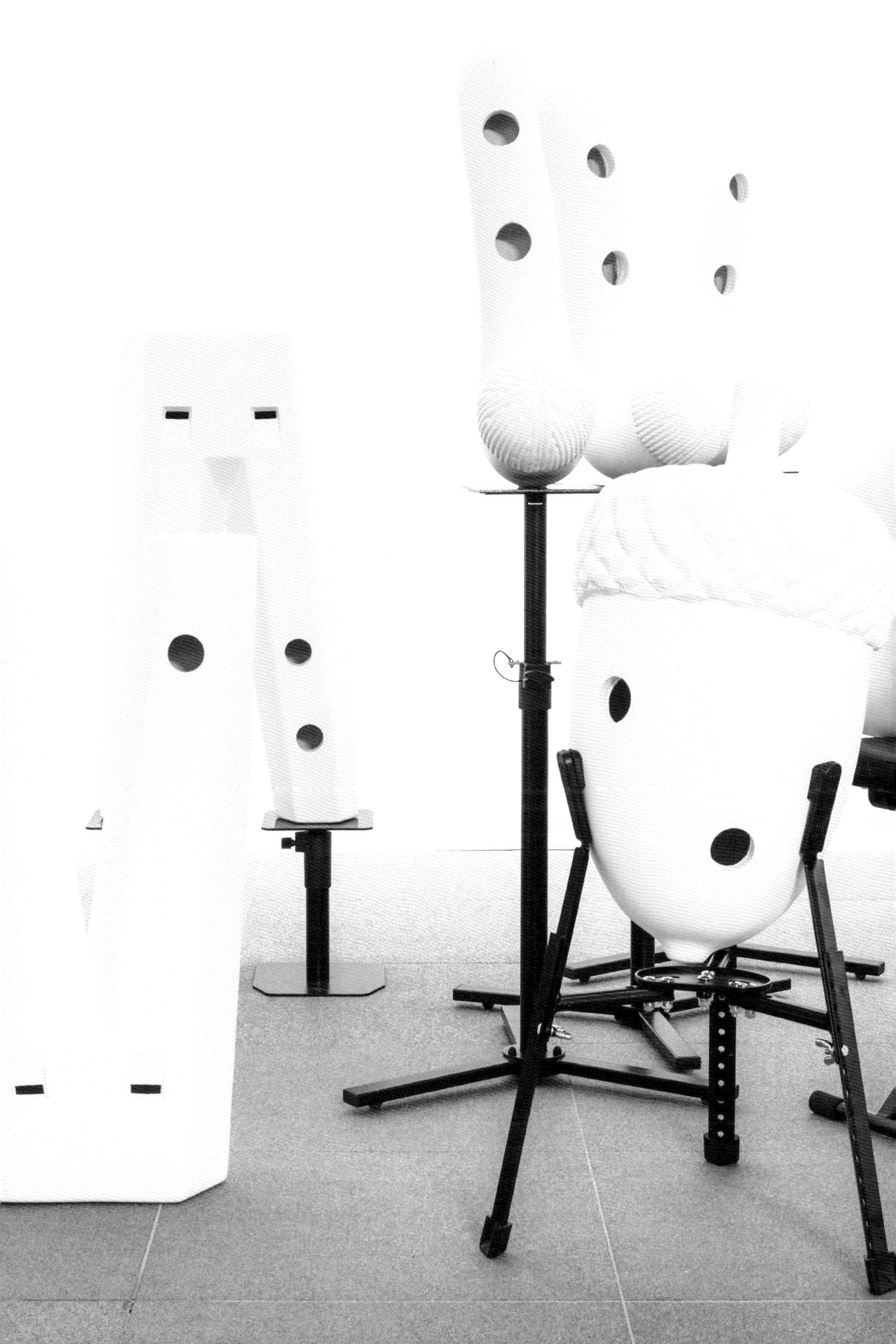

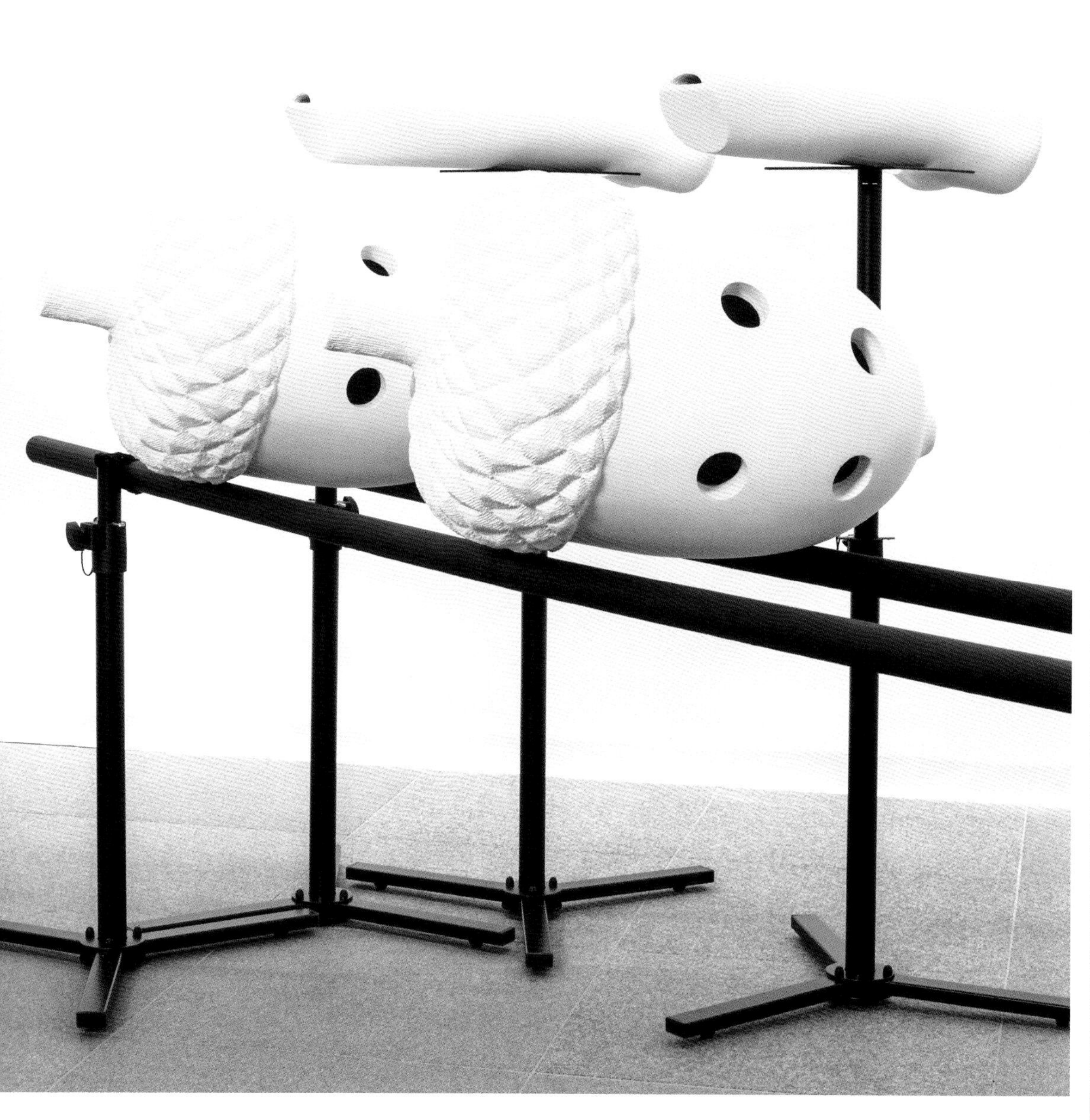

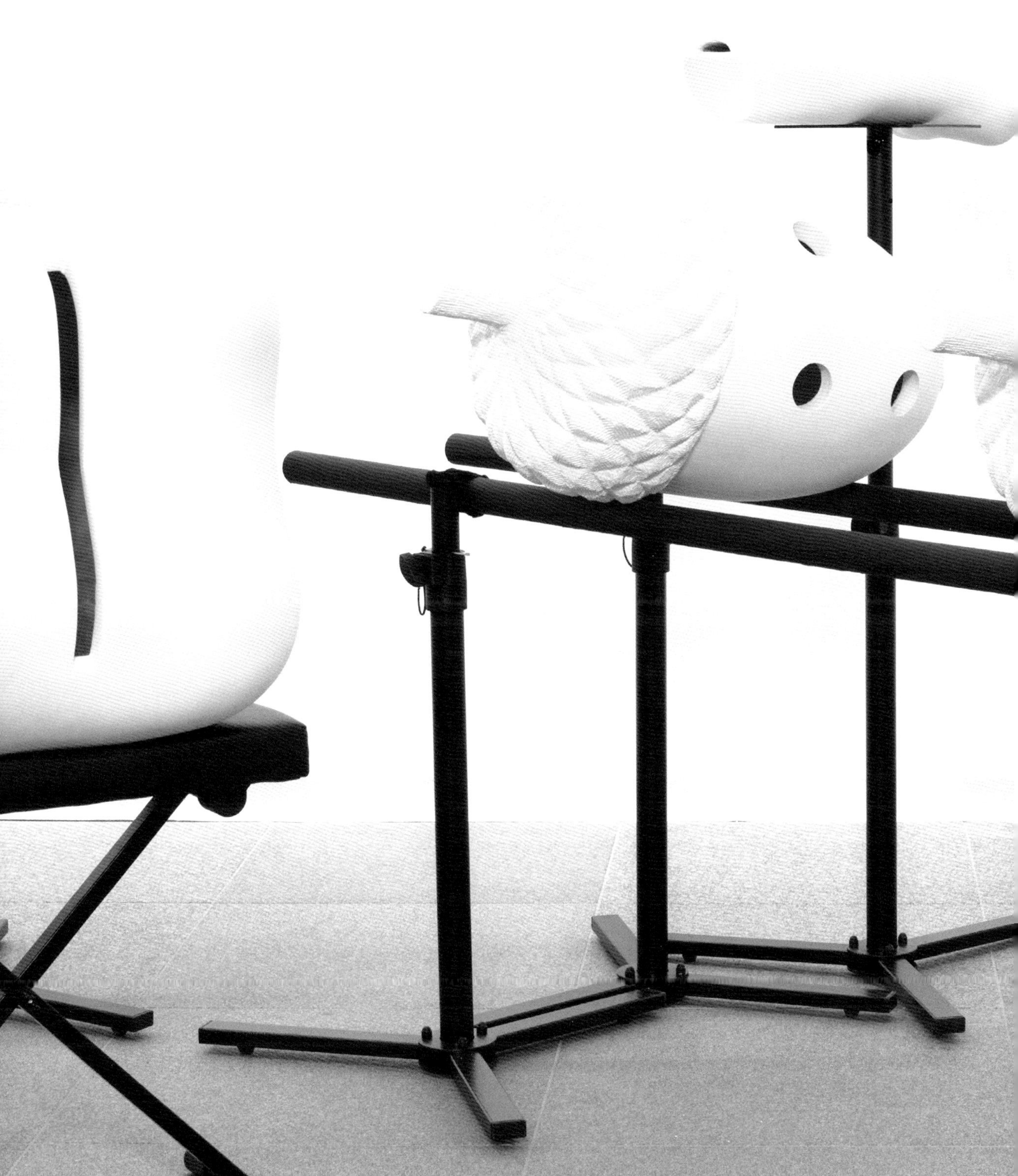

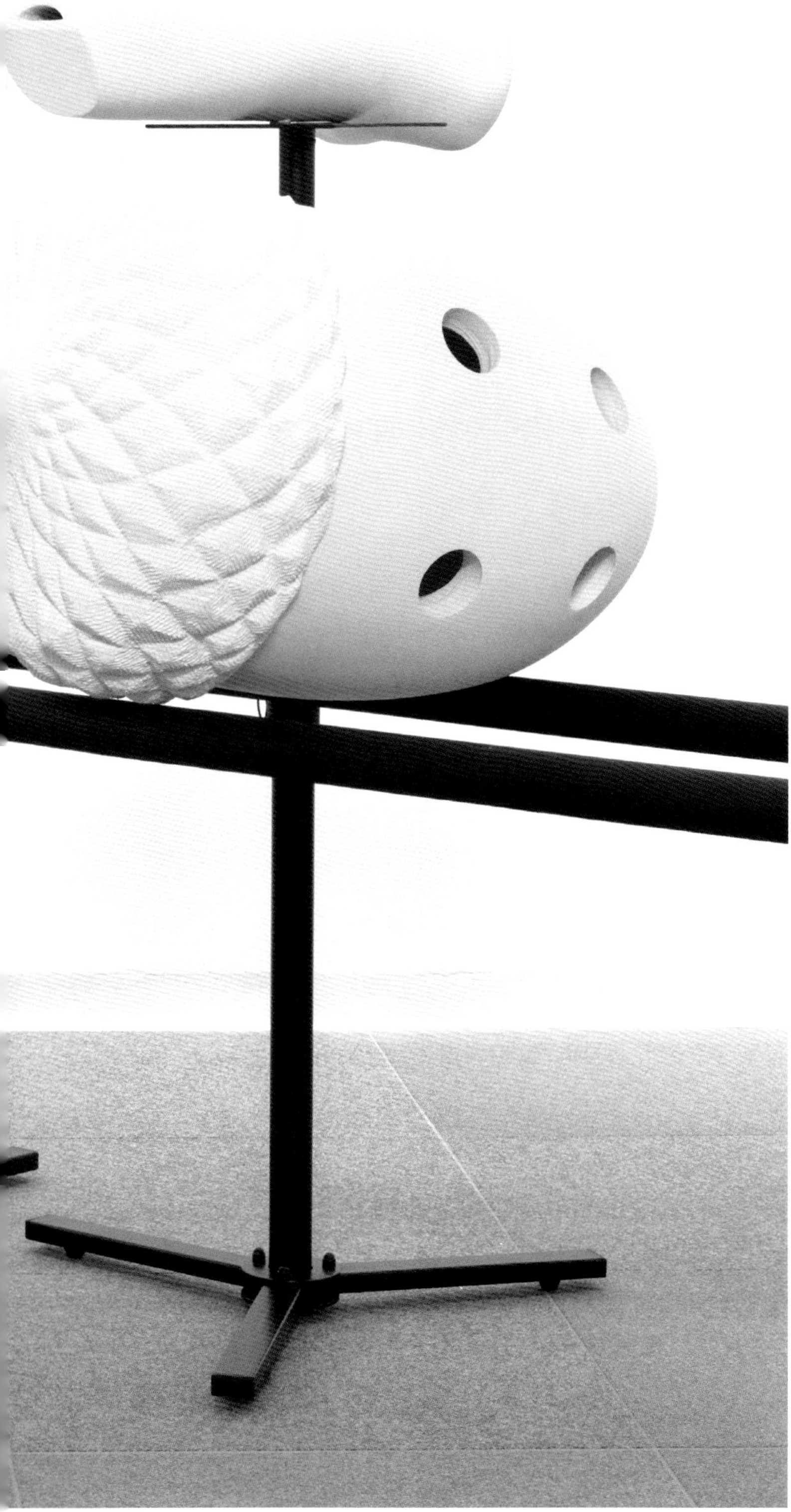

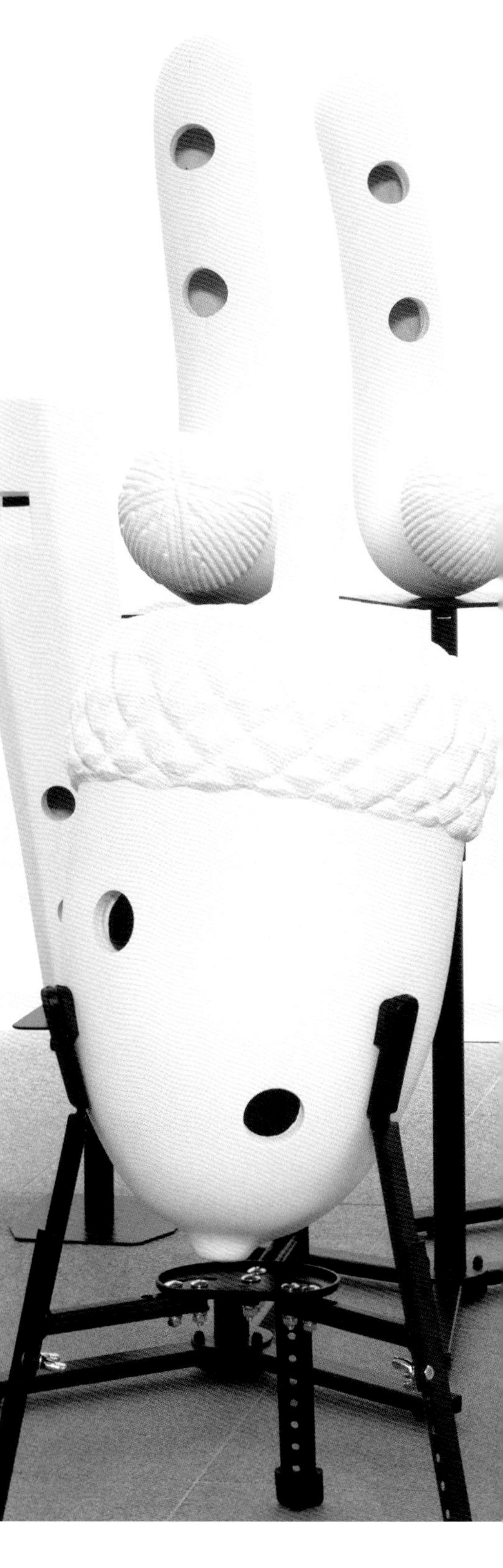

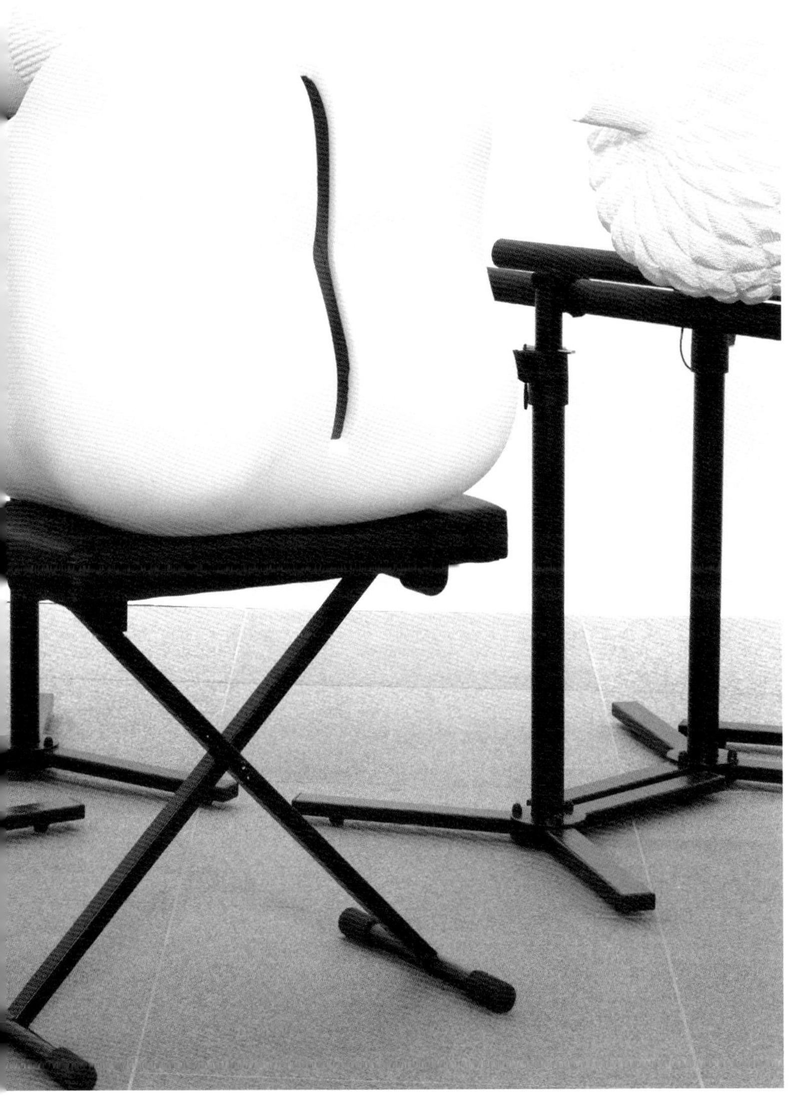

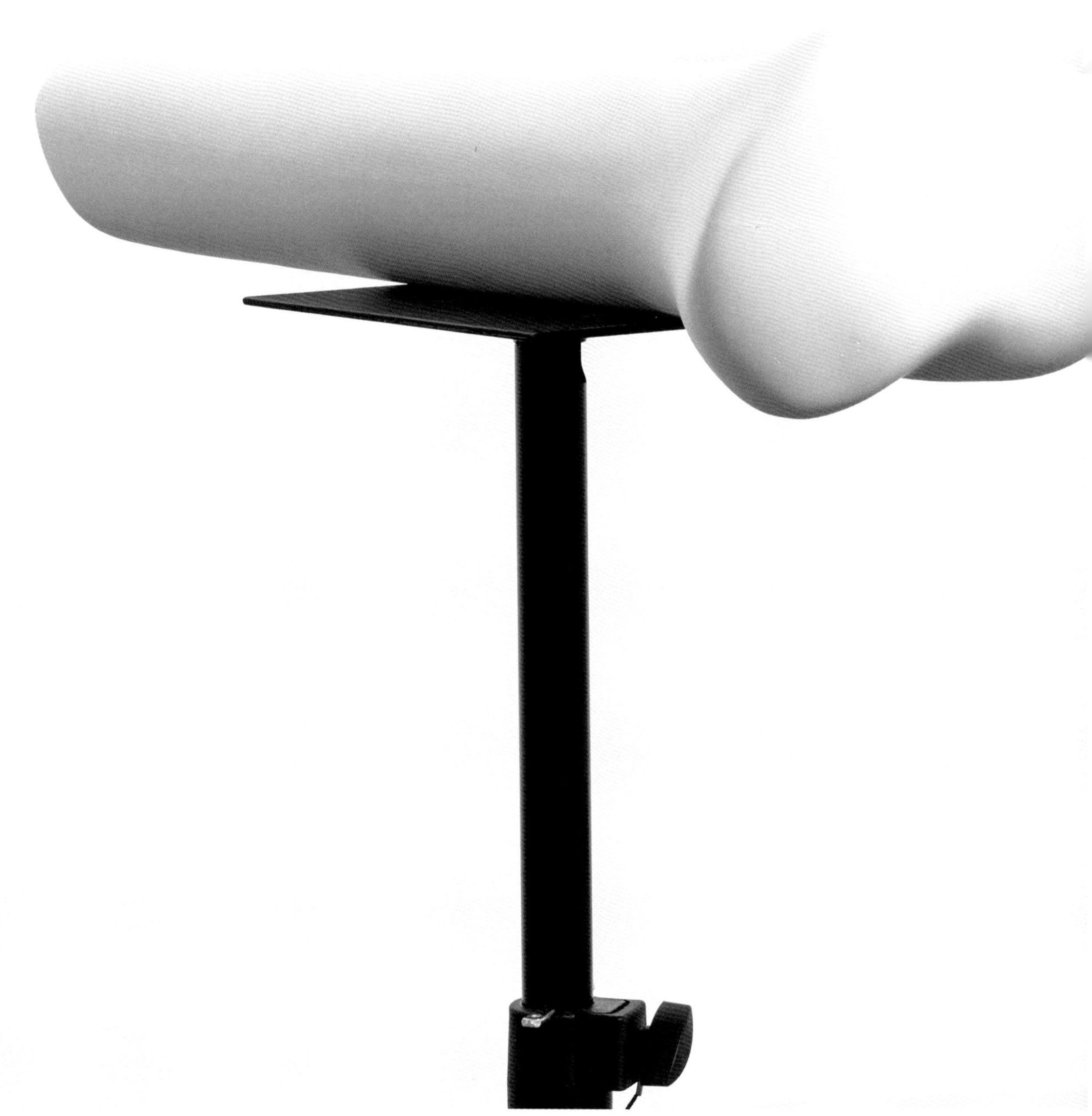

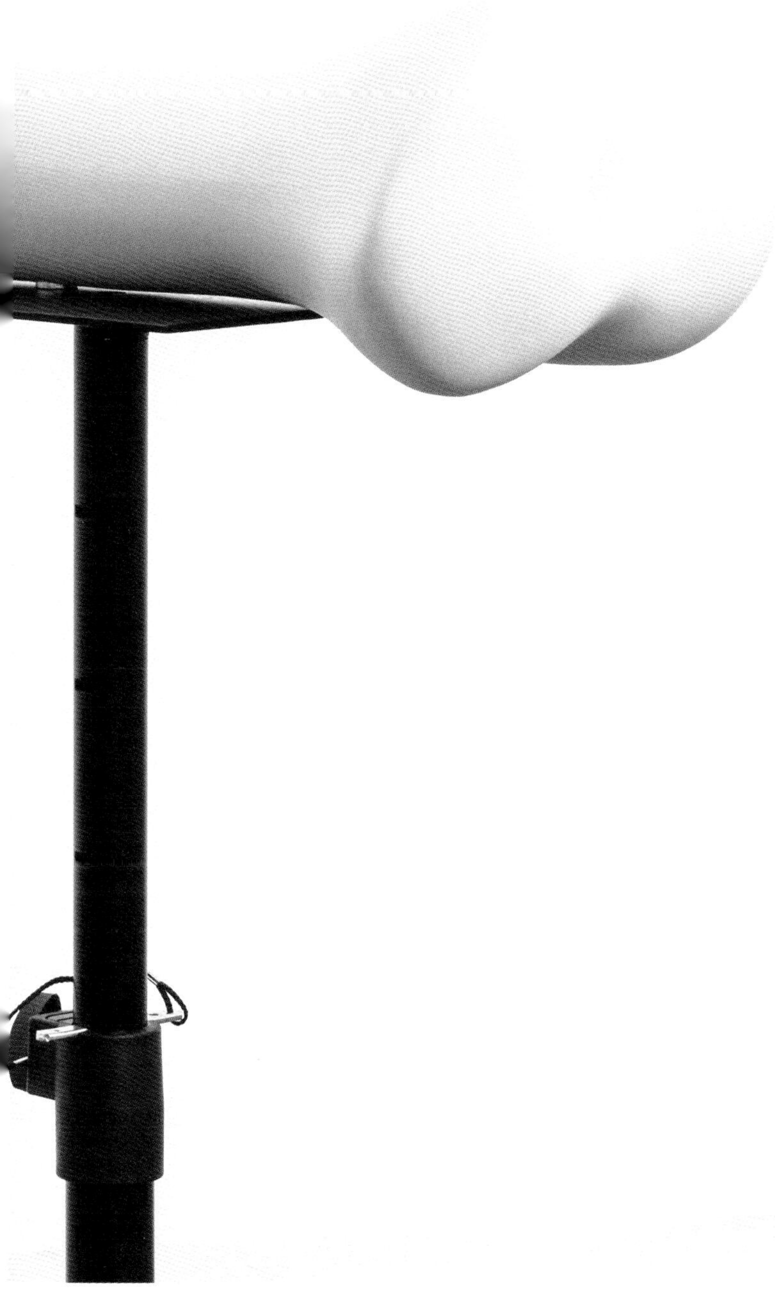

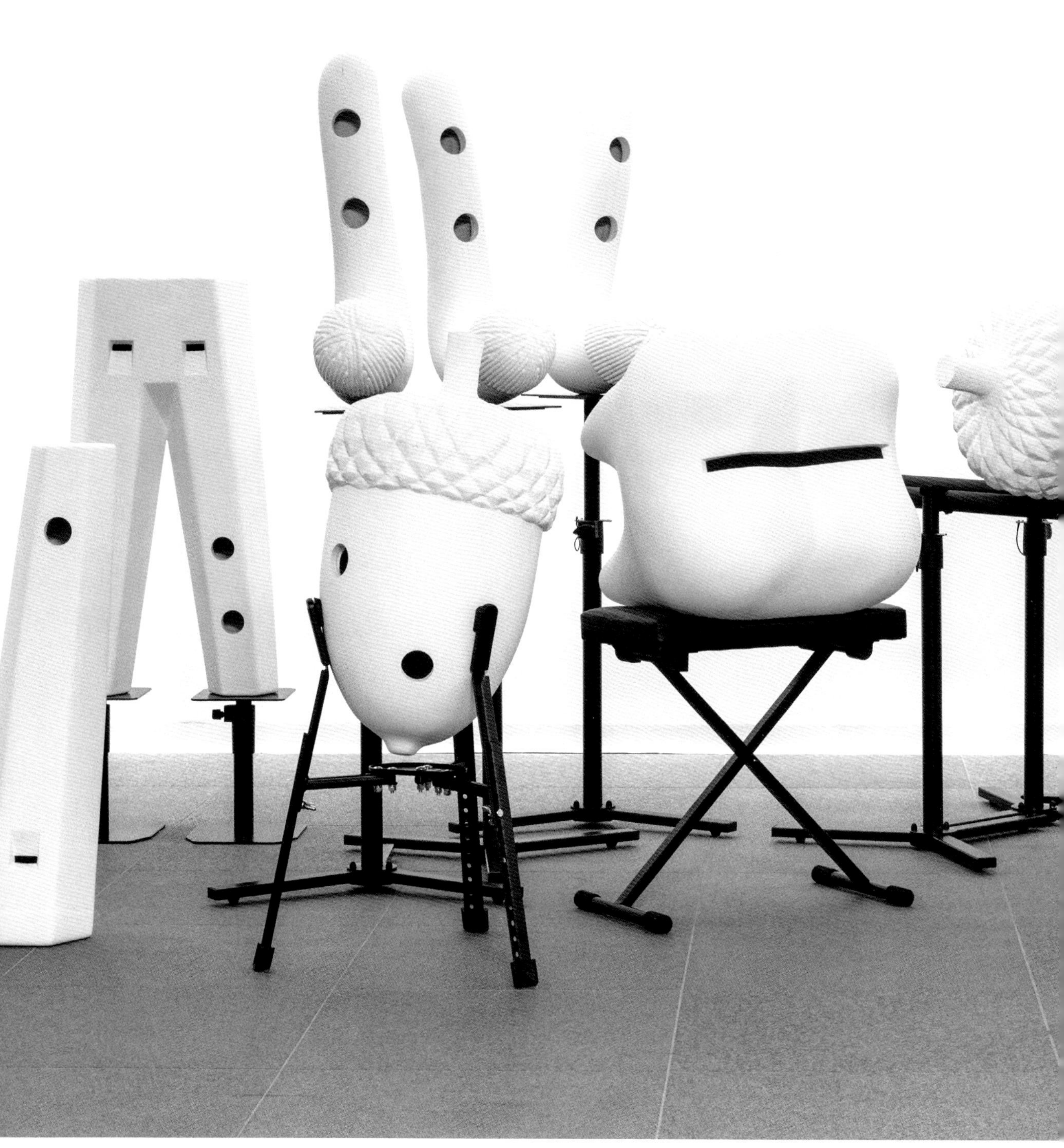

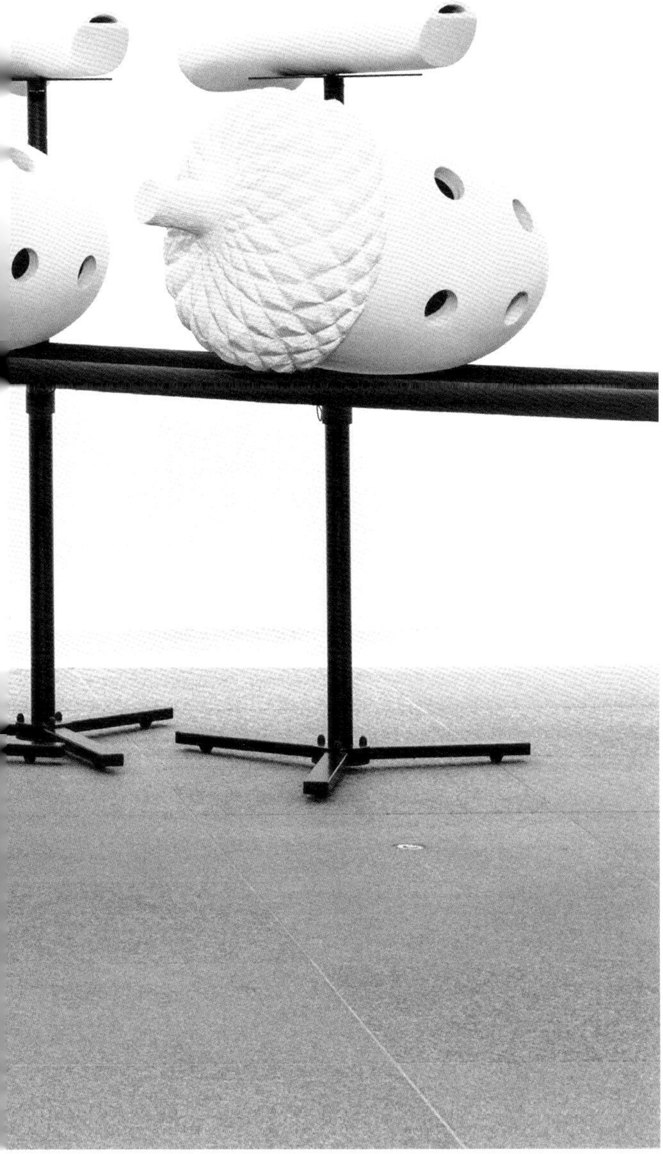

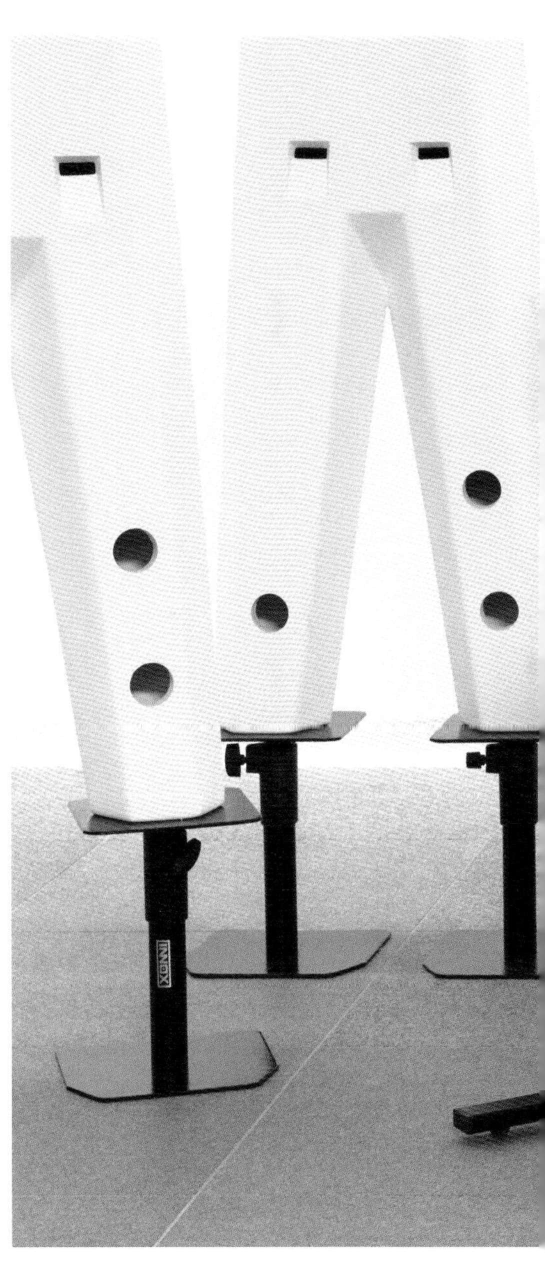

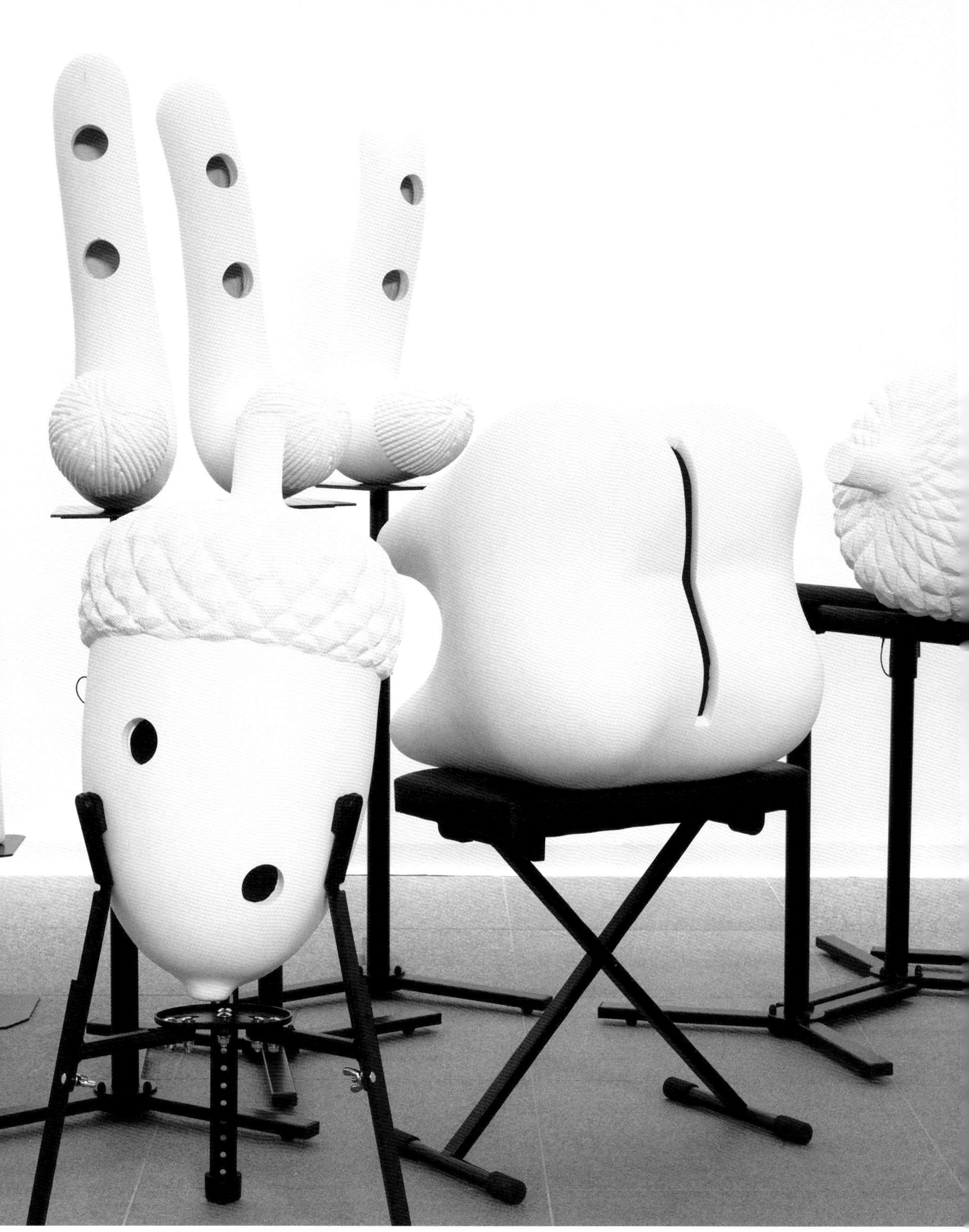

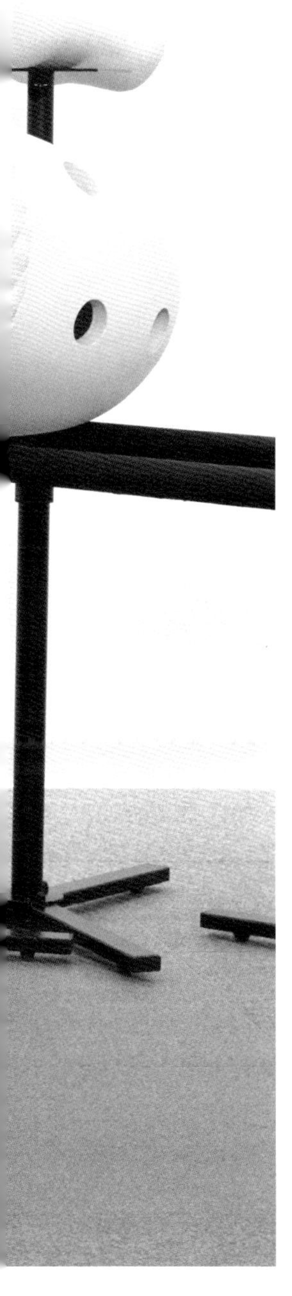

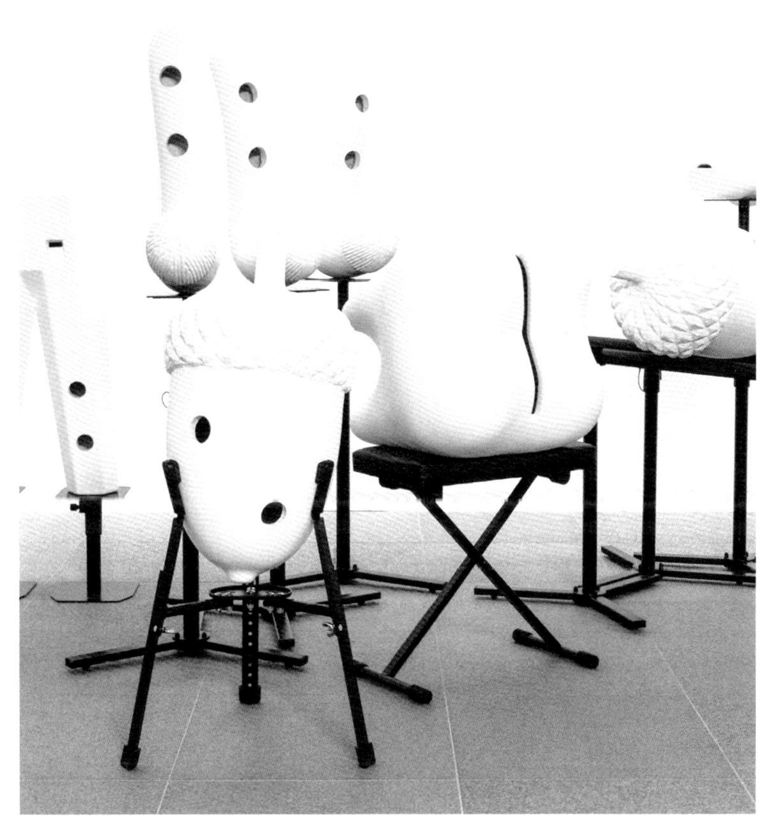

Baloney!, 2020

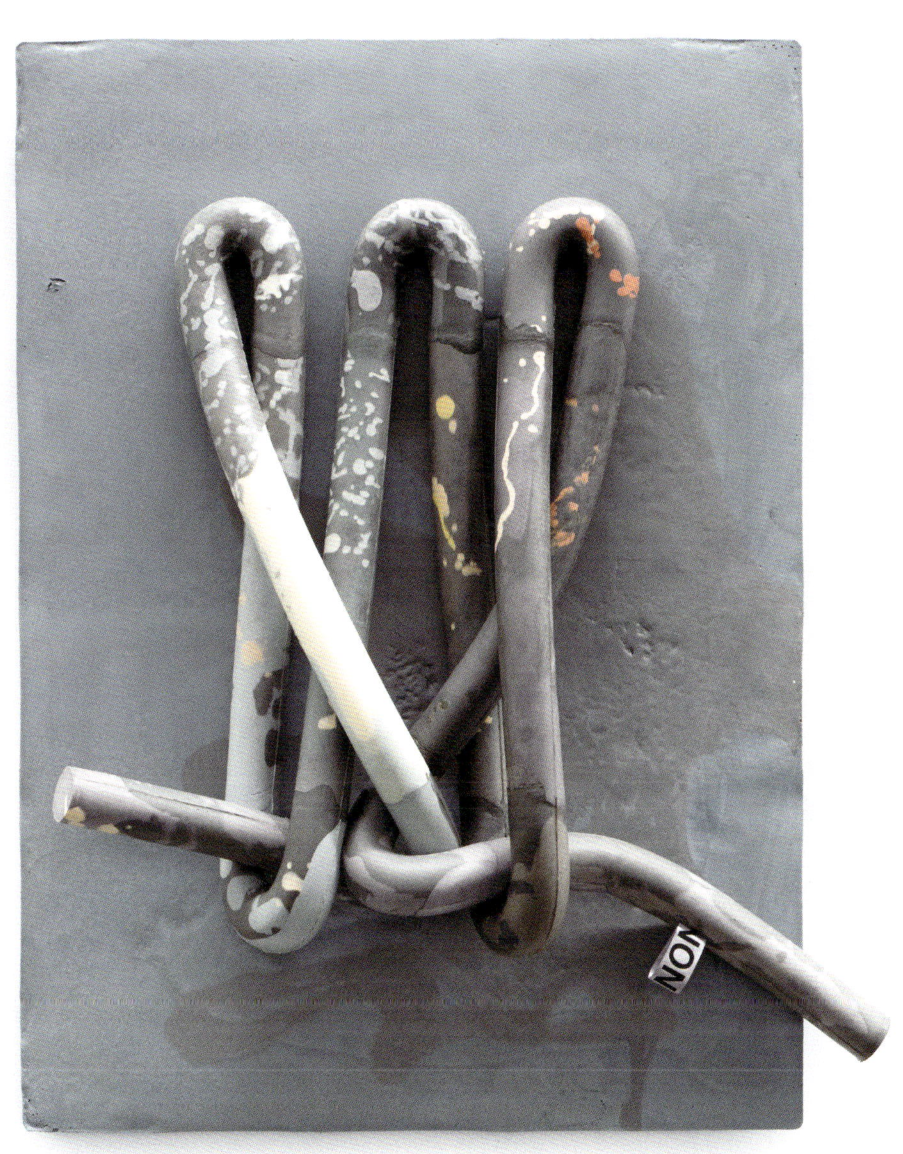

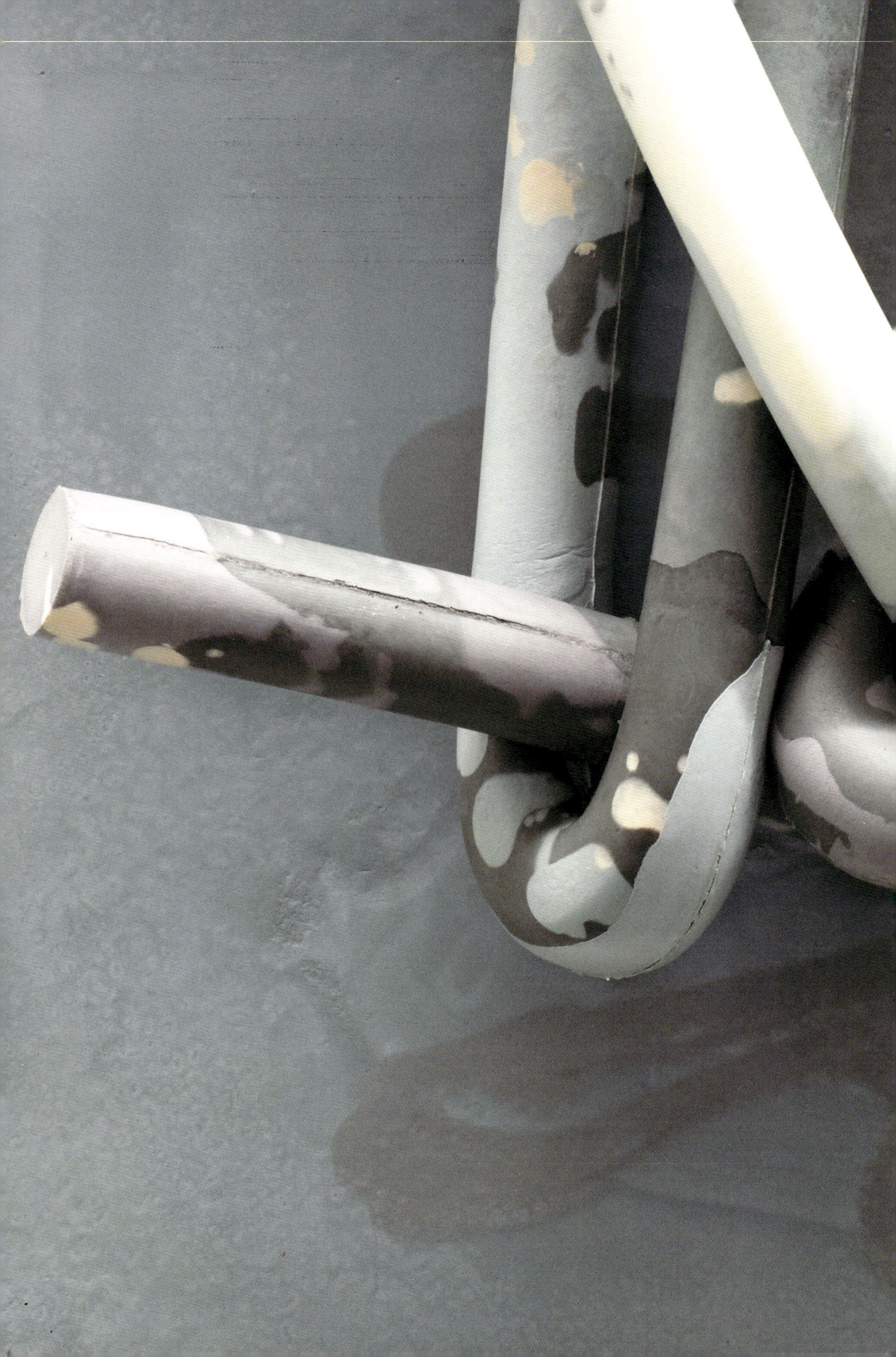

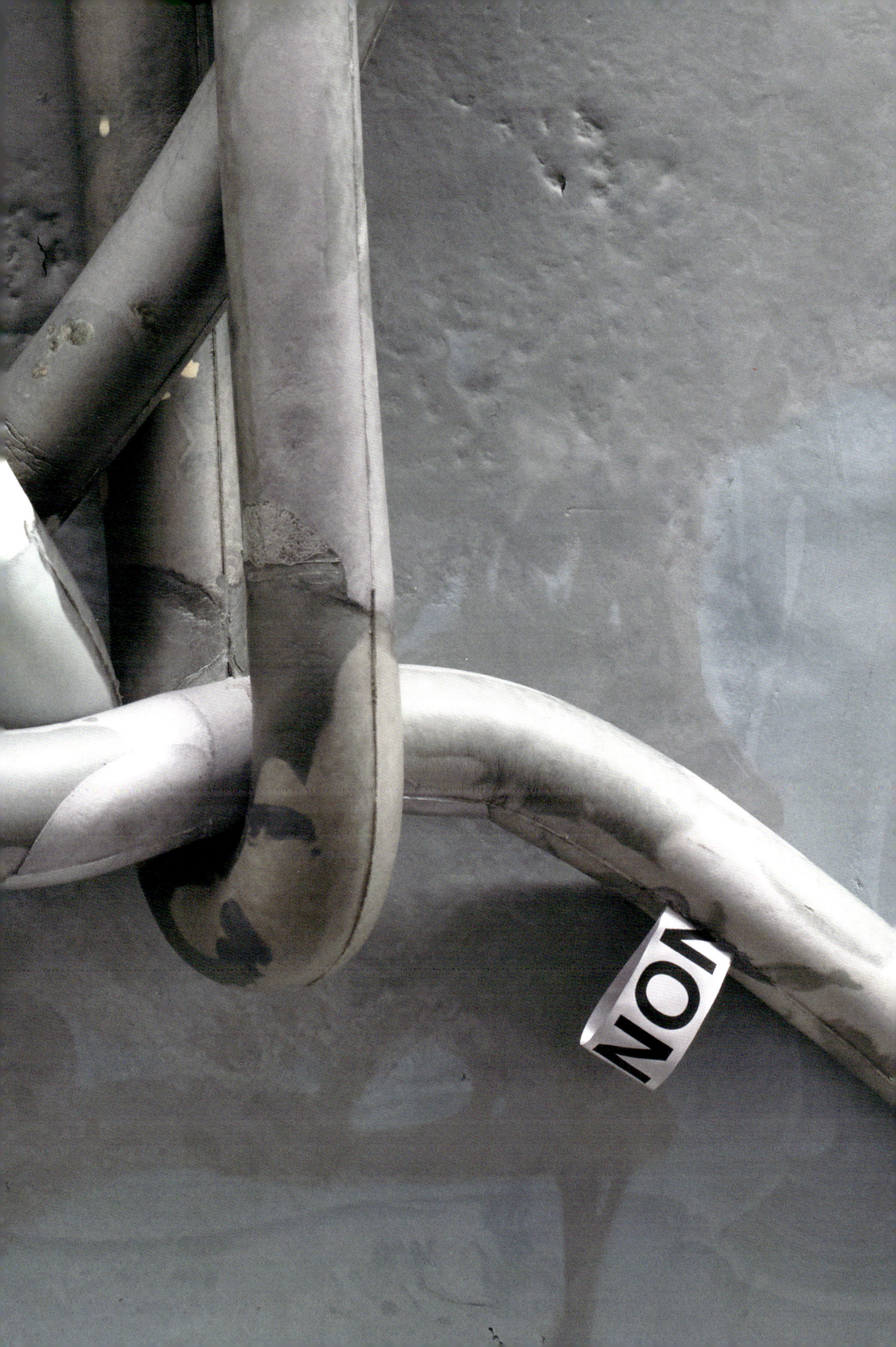
NON

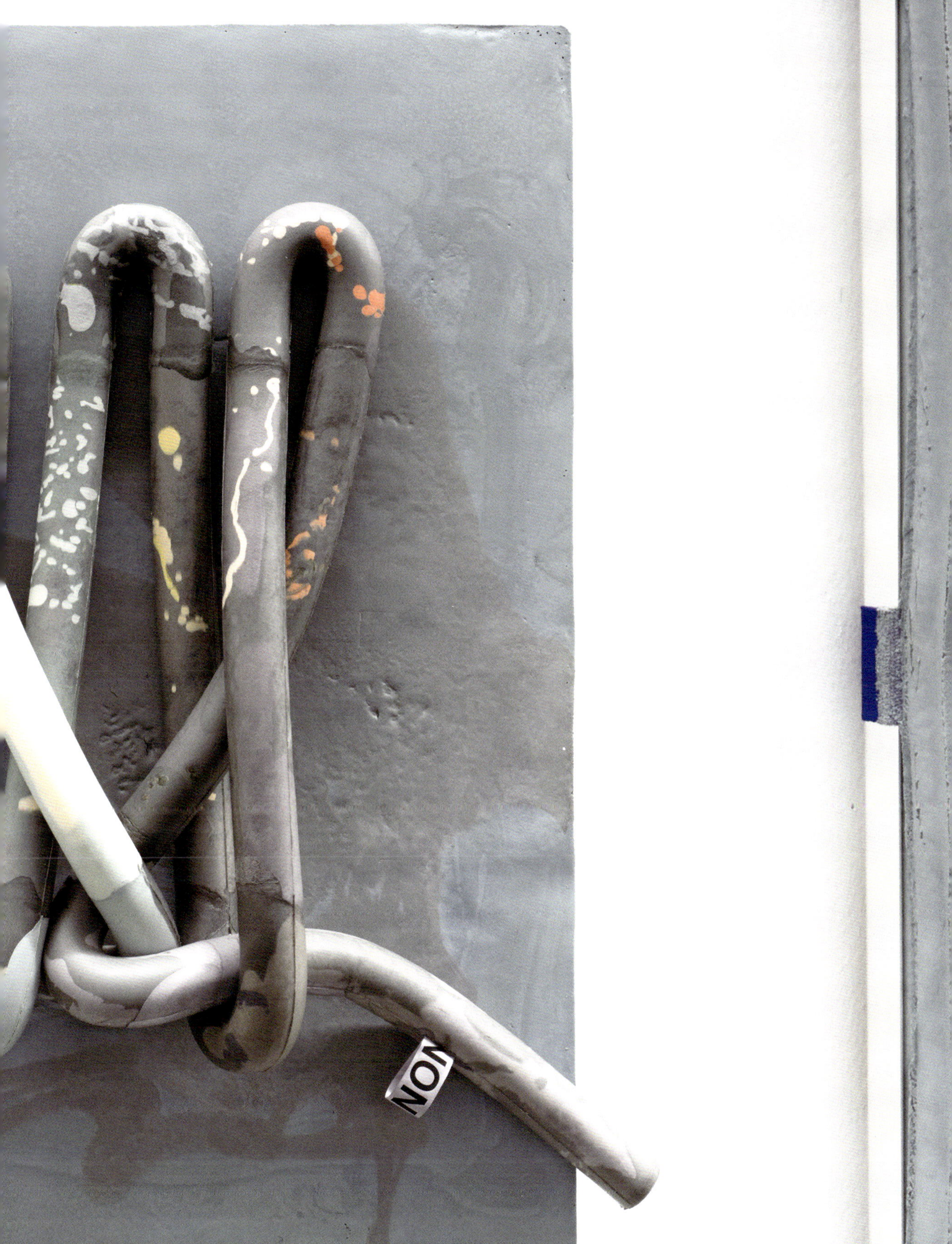
NON

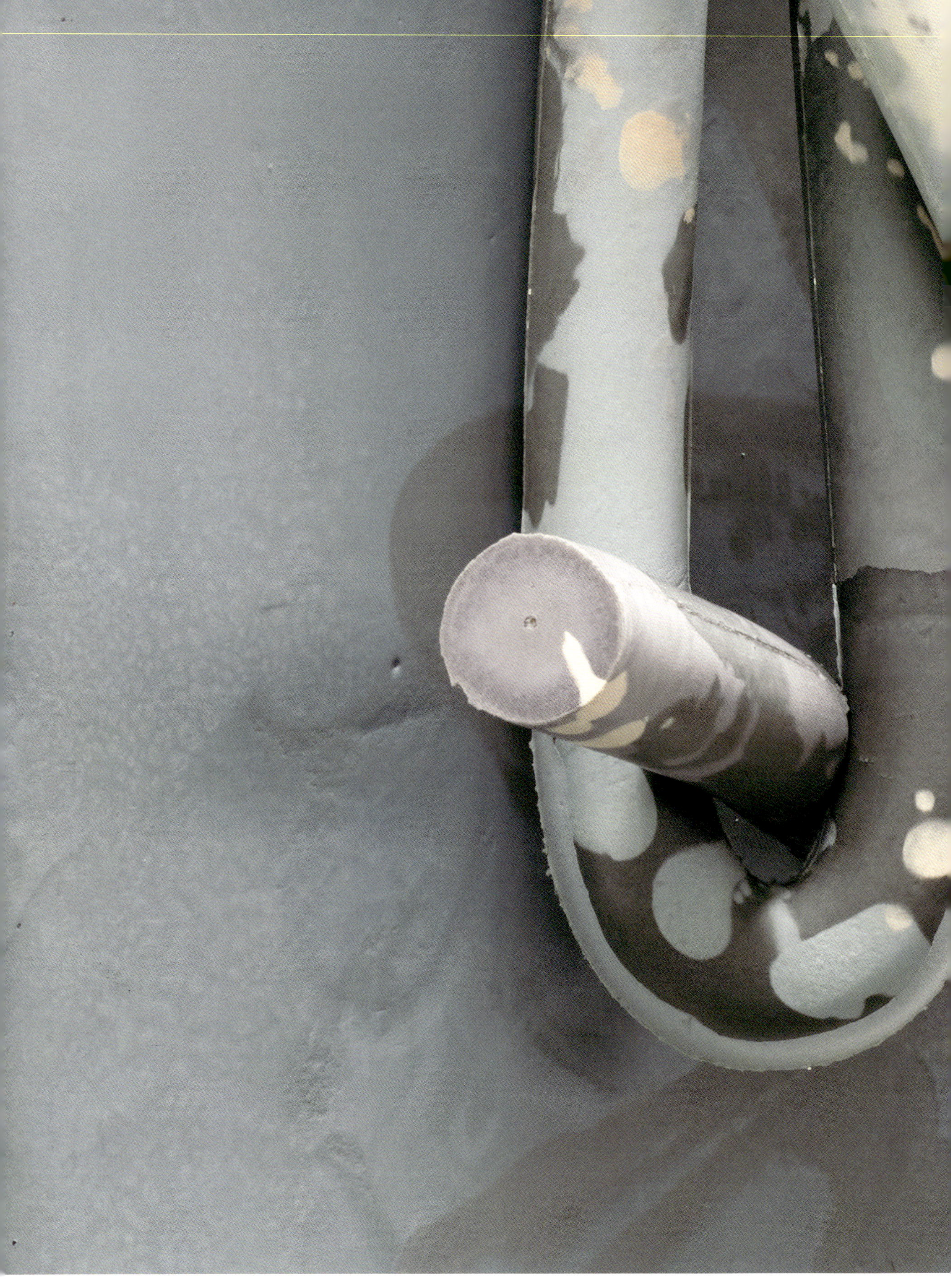

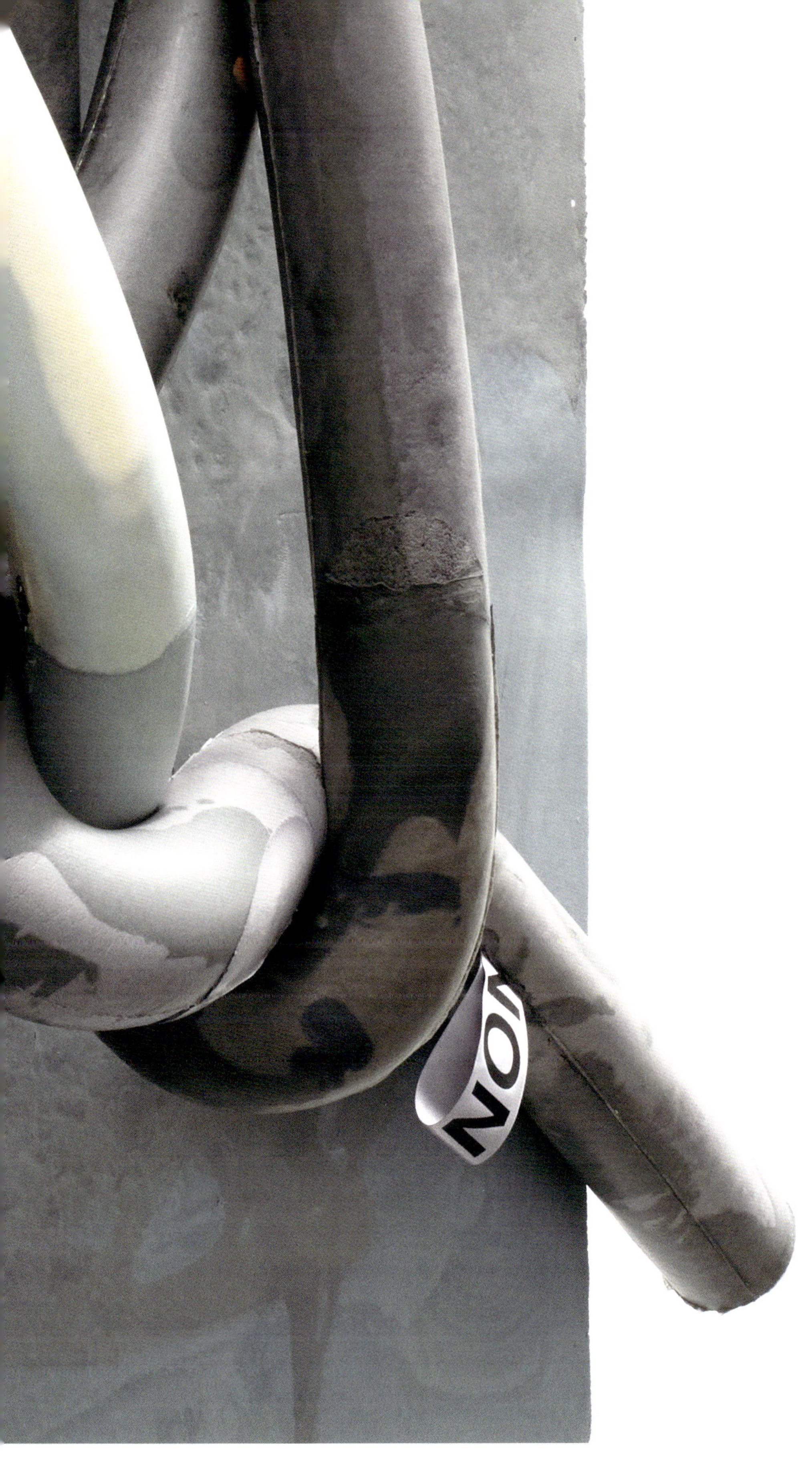

Baloney!, mousse polyuréthane souple, sangle et châssis aluminium / flexible polyurethane foam, strap and aluminium structure, 167 × 121 × 40 cm, 2020

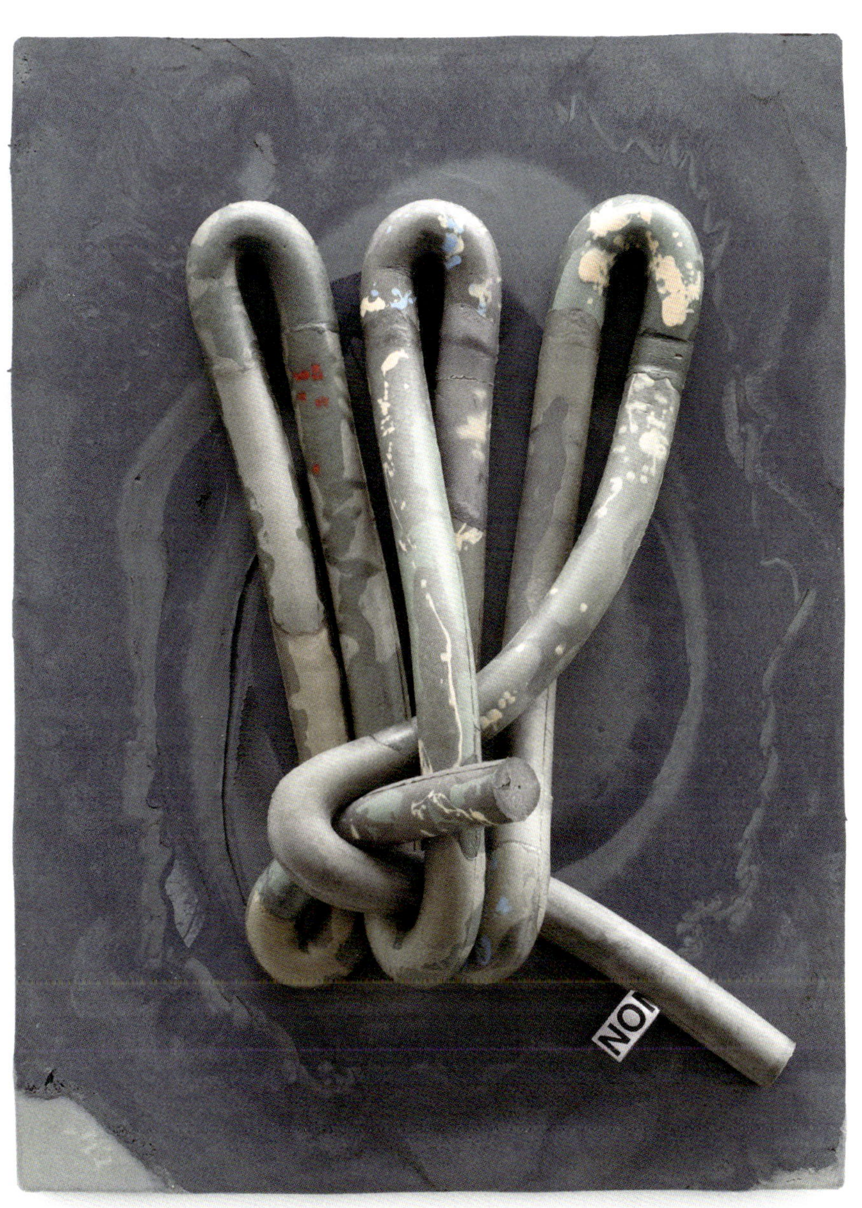

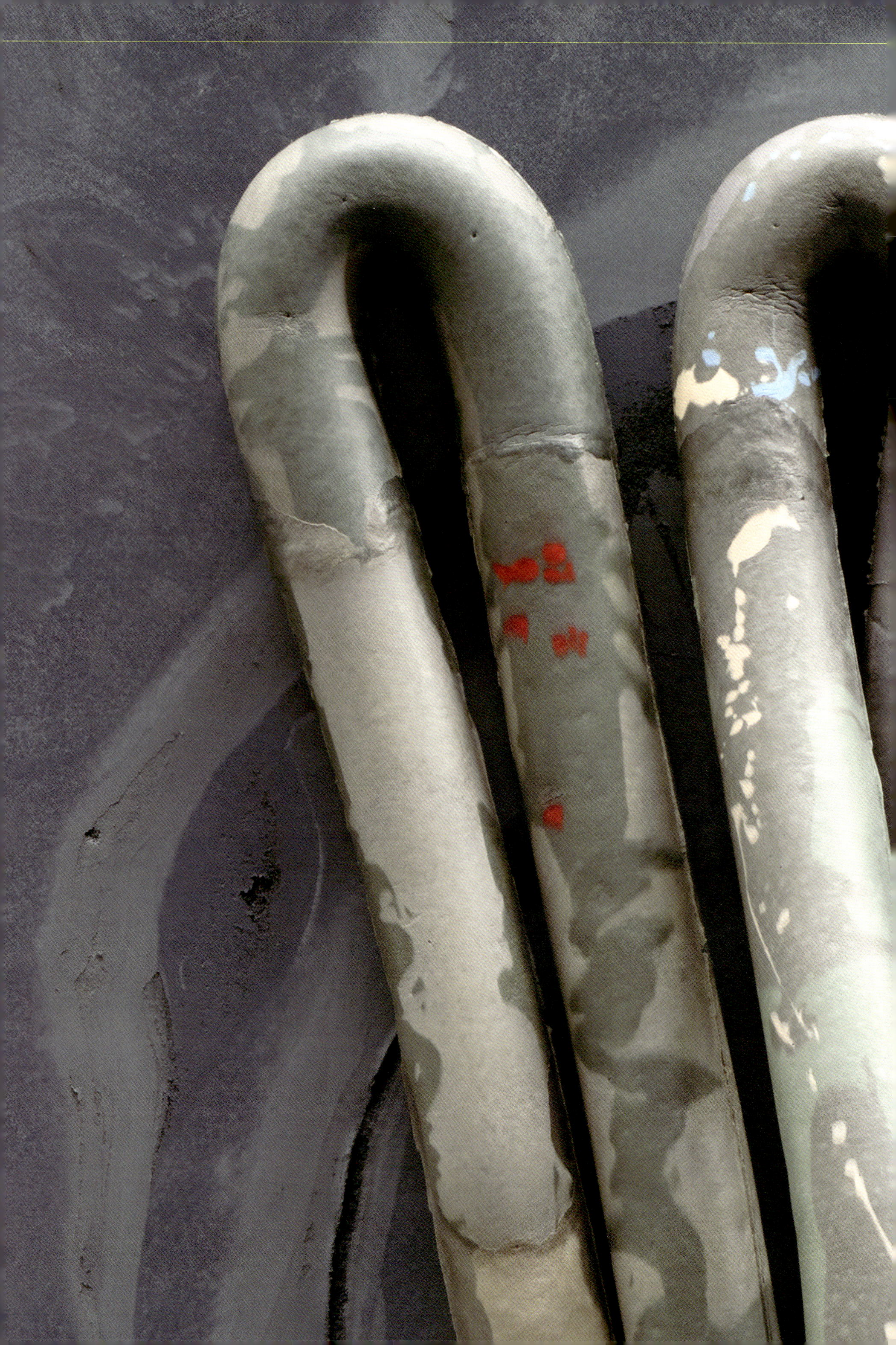

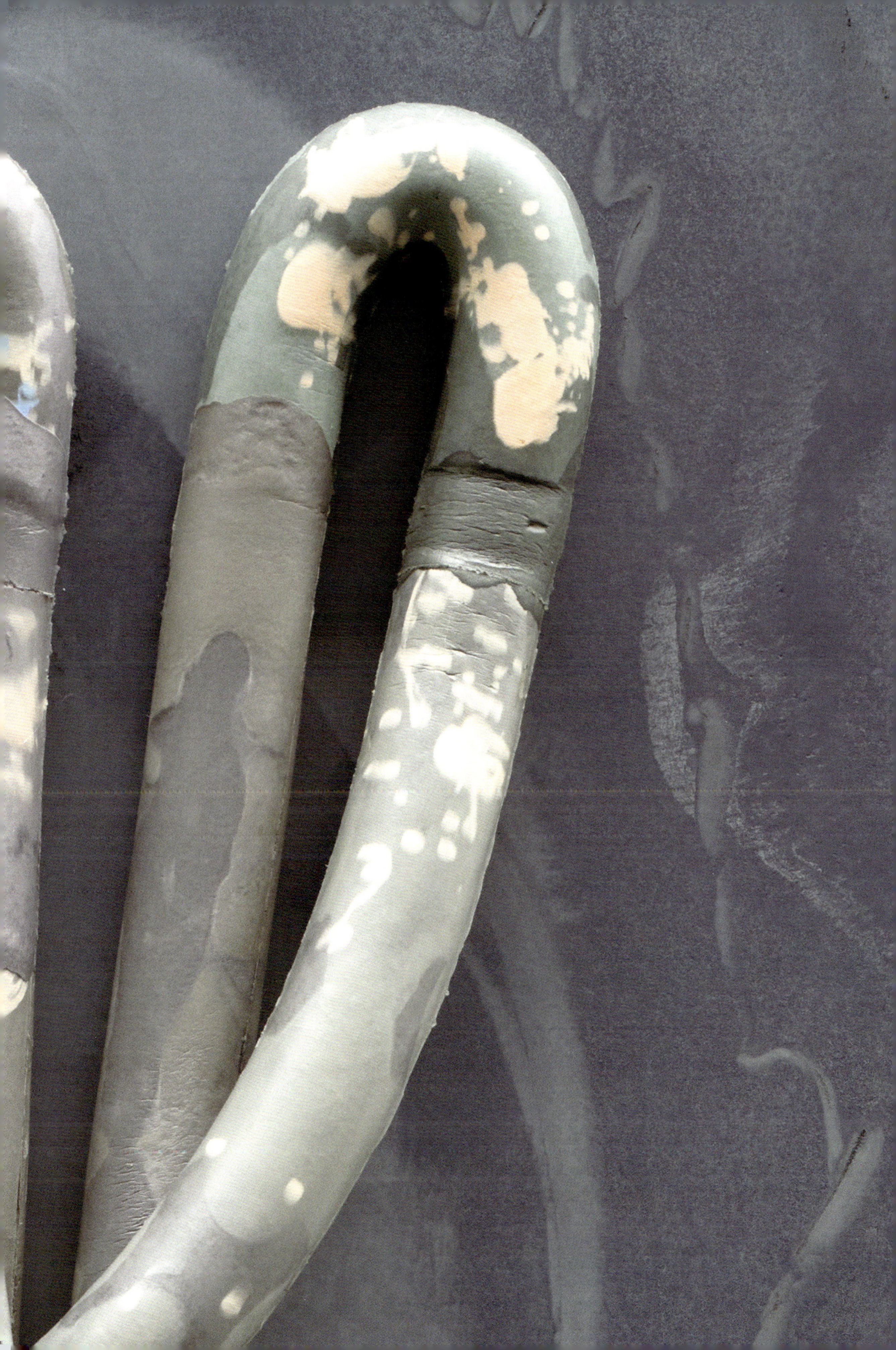

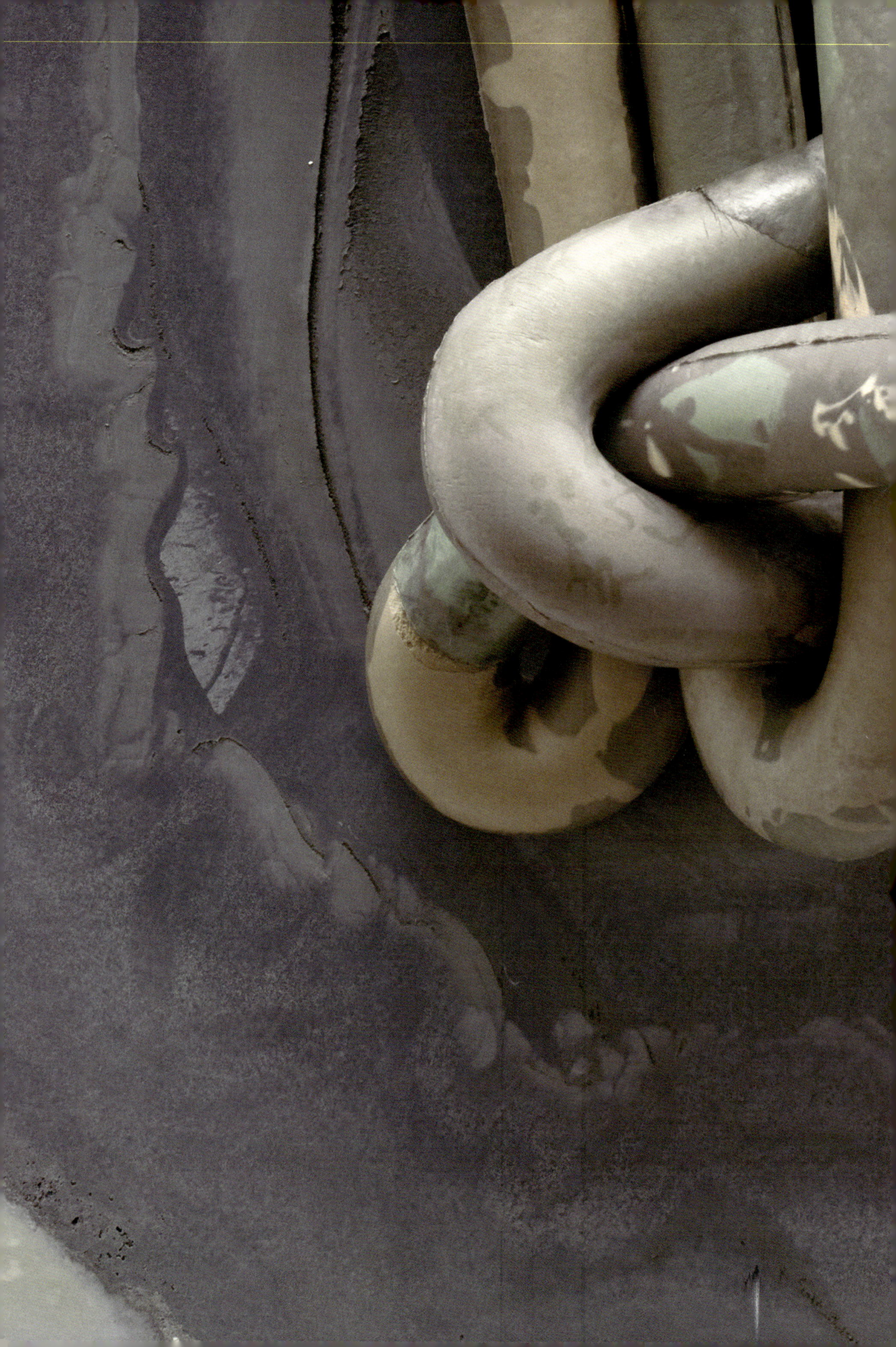

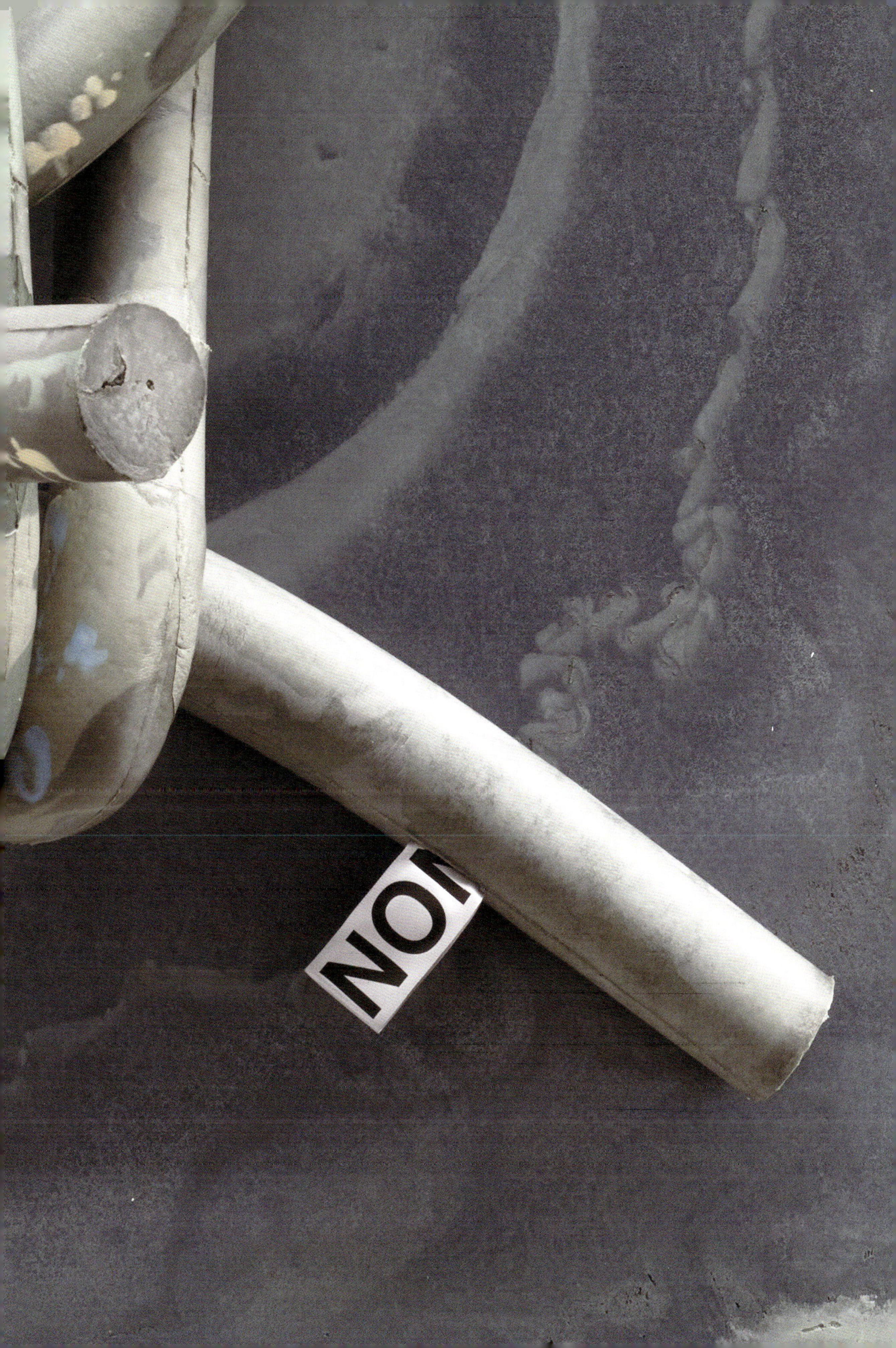
NO

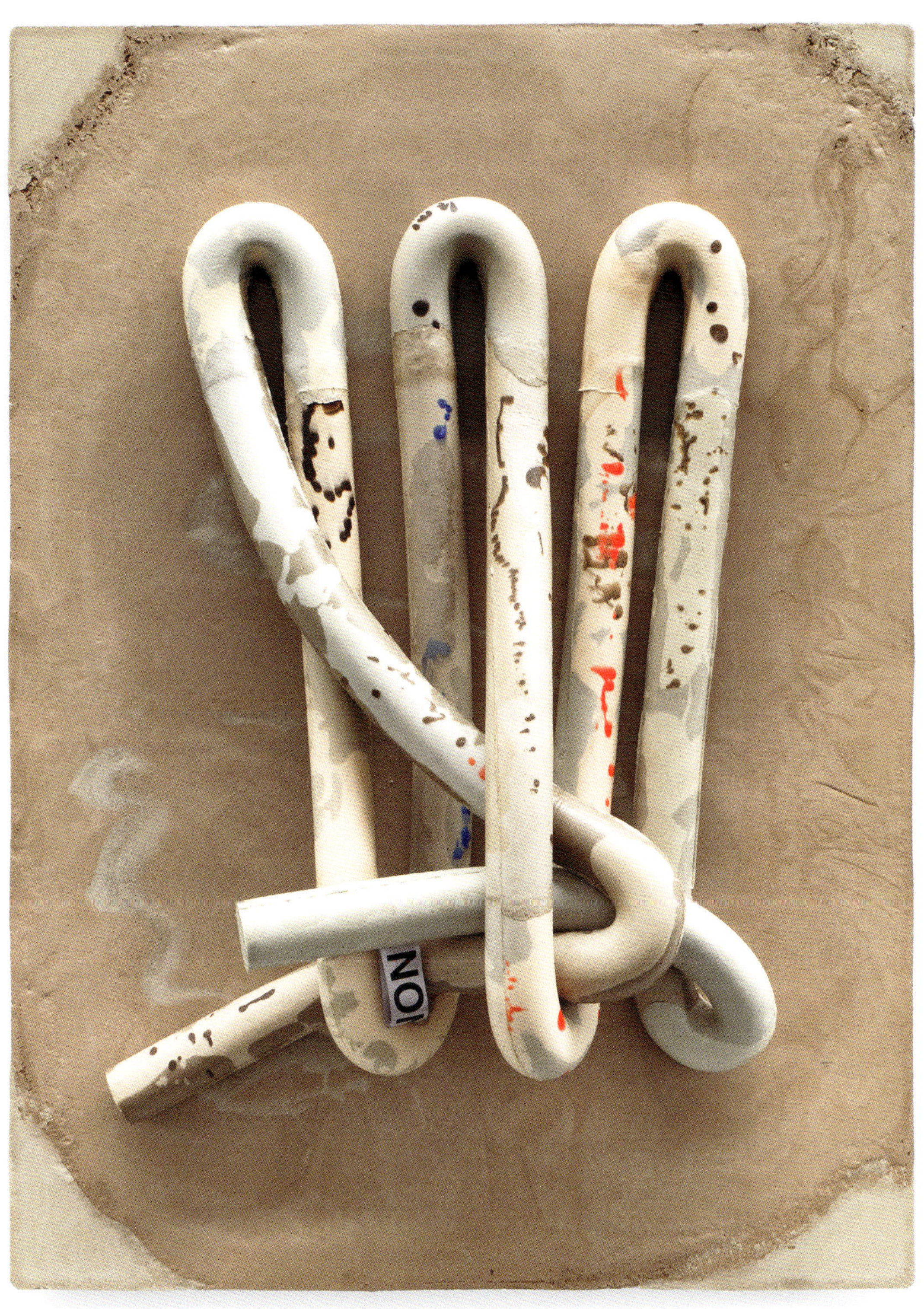

Baloney!, 2020

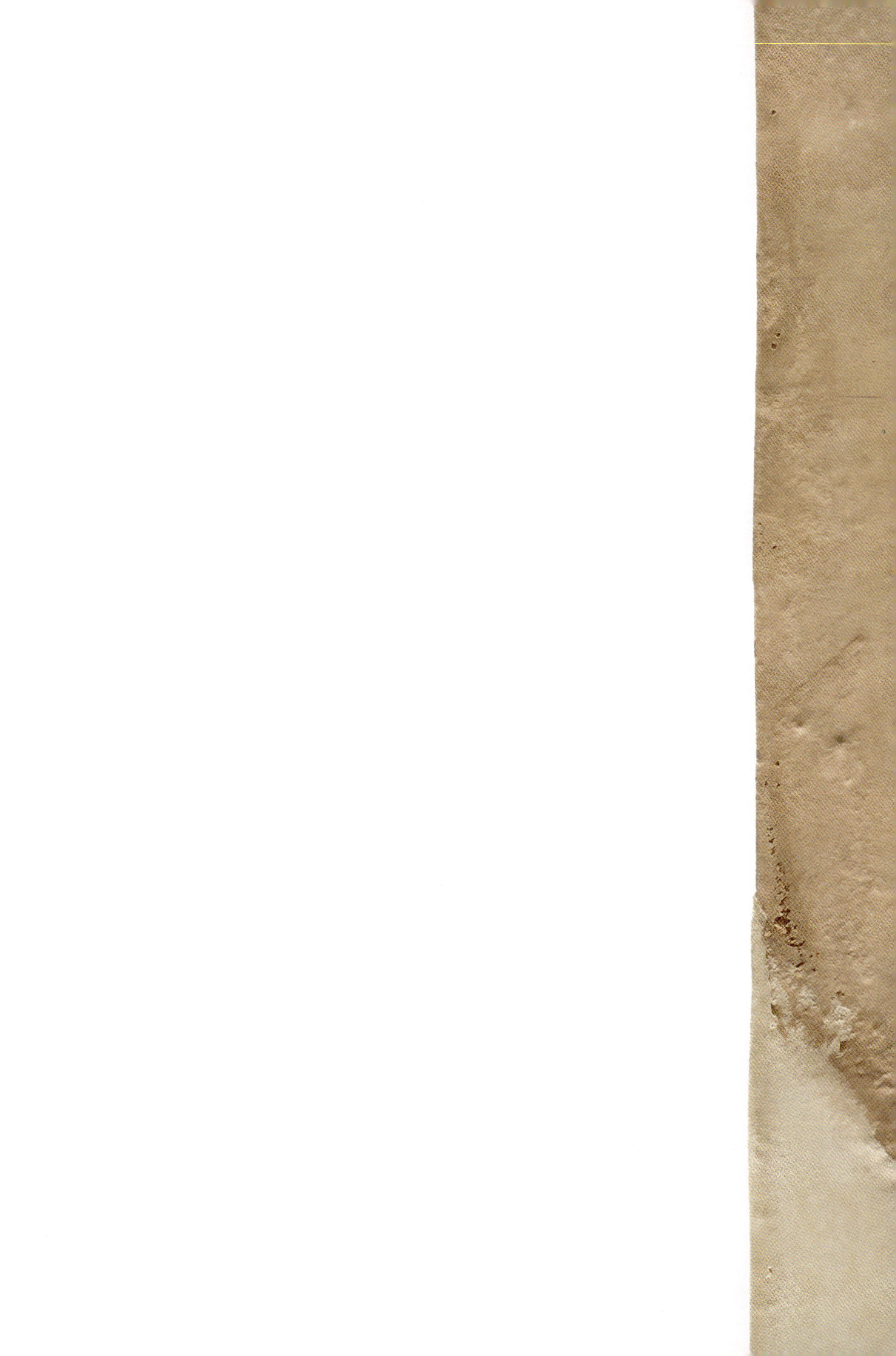

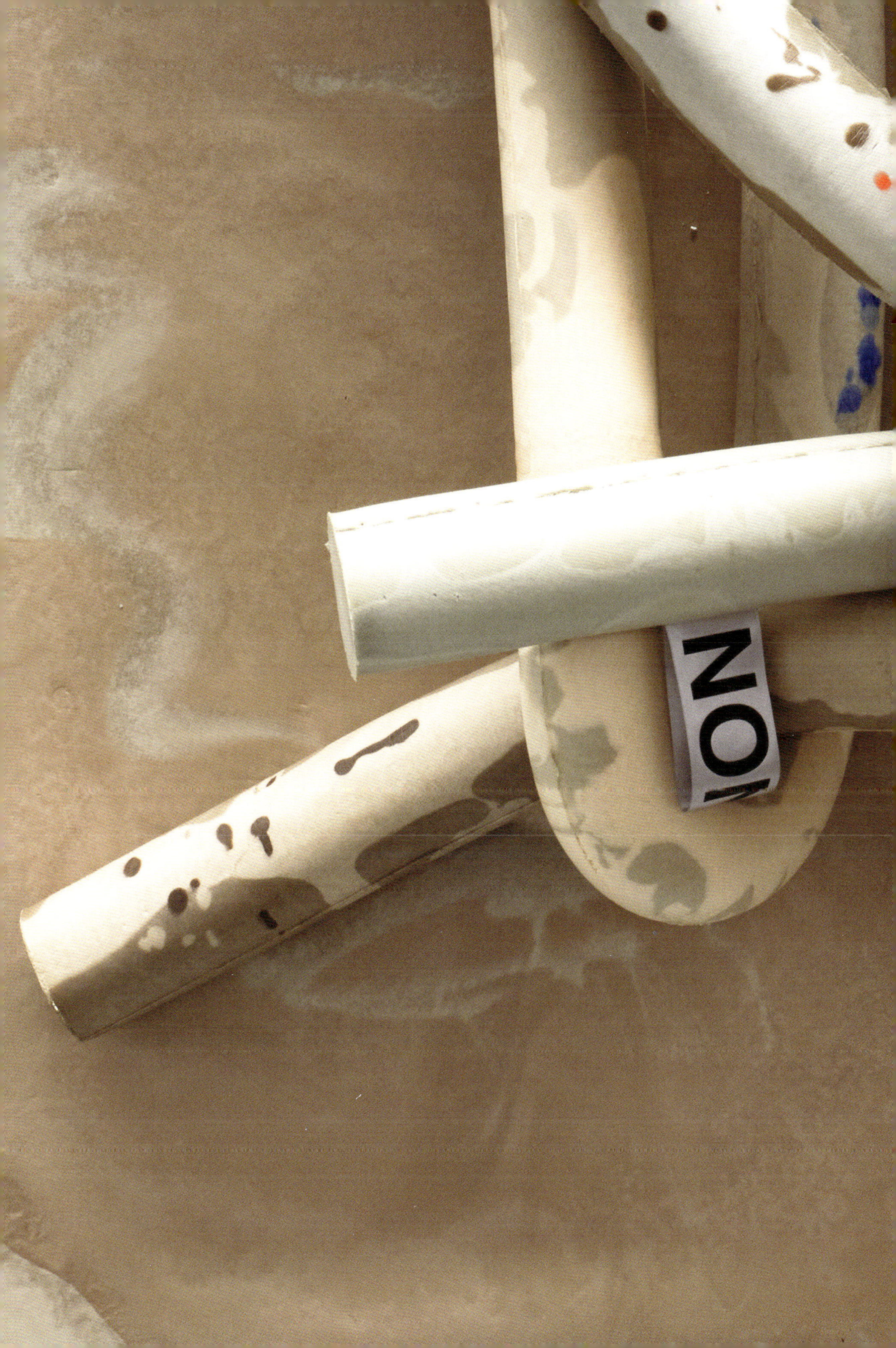

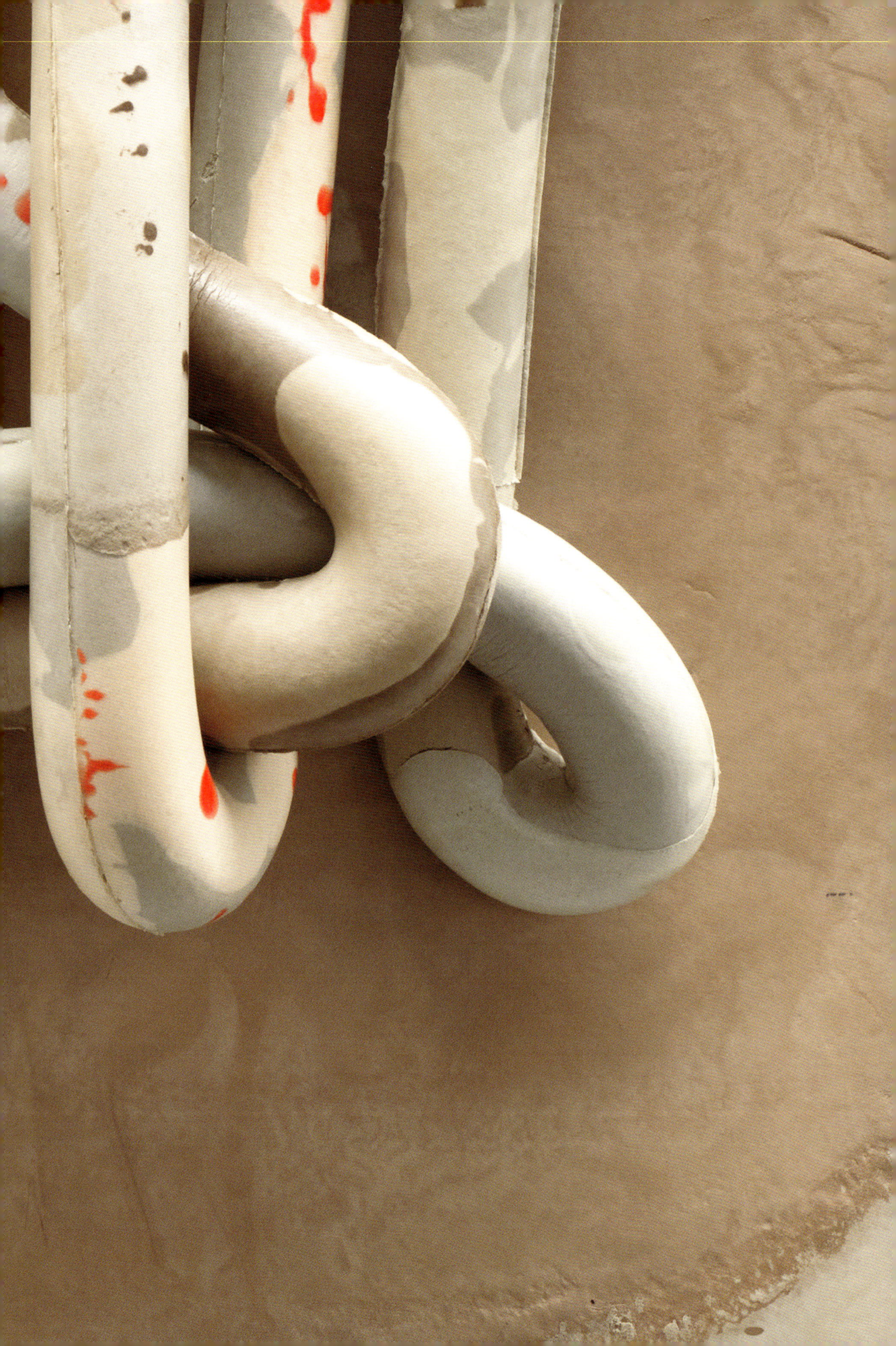

Gaillard & Claude sont nés respectivement en 1974 et 1975 en France.
Ils vivent et travaillent à Bruxelles.

Gaillard & Claude were born in France in 1974 and 1975 respectively.
They live and work in Brussels.

PUBLICATION

Cette publication paraît à l'occasion de l'exposition / This book has been published in conjunction with the exhibition:

Gaillard & Claude. A Certain Decade
27.02.2022–18.09.2022

Au / At
Musée des Arts Contemporains au Grand-Hornu (MACS)

Éditeur / Publisher
MACS, Grand-Hornu

Auteurs / Authors
Yann Chateigné
Denis Gielen

Coordination éditoriale / Editorial coordination
Joanna Leroy

Traduction / Translation
Laura Austrums

Rédaction finale
Kimberly Colmitti
Patrice Debry

English copy-editing
Bronwyn Mahoney

Graphisme / Book design
Aline Girard

Crédits photographiques / Photo credits
Kristien Daem

Toutes les images non-créditées / All uncredited images
G&C

Photogravure / Colour Separation
Fotimprim, Paris

Impression et reliure / Printing and Binding
Graphius, Gand / Ghent

ISBN 978-2-930368-81-5
D/2022/8932/1

Crédits photographiques / Photographic credits
L'éditeur s'est efforcé de respecter les prescriptions en matière de droits d'auteur, mais il n'a pas pu déterminer avec certitude les ayants droit de chaque illustration. Quiconque estime avoir des droits à faire valoir est invité à prendre contact avec l'éditeur. / Every effort has been made to trace copyright holders. The publisher has made every effort to comply with legal copyright requirements but was not able to fully ascertain the origin of certain documents. Anyone wishing to assert their rights is requested to contact the publisher.

EXPOSITION /
EXHIBITION

Commissaire / Curator
Denis Gielen

Conception et production / Design and production
Jérôme André

Responsable du service technique / Technical manager
Maxence Noël

Assistantes conservation-exposition / Conservation-exhibition assistants
Pascaline Cattiaux
Sandra Rouffignac

Médiation / Education team
Nathalie Degand
Mathias Desbonnets
Lisa Dusong
Jeanne Mouffe

MACS

Musée des Arts Contemporains de la Fédération Wallonie-Bruxelles

Rue Sainte-Louise 82
B-7301 Hornu
Tél : +32 65 61 38 50

info.macs@grand-hornu.be
www.mac-s.be

Président du conseil d'administration / Chairman of the board of directors
Jean-Paul Deplus

Directeur / Director
Denis Gielen

Responsable administratif et financier / Head of administration and finance
Michel Brébant

Responsable de la conservation et des expositions / Head of conservation and exhibitions
Jérôme André

Responsable du service des publications / Head of publications
Joanna Leroy

Responsable des animations culturelles / Head of cultural activities
Mathias Desbonnets

Responsable du developpement et des partenariats / Head of development and partnerships
François Degouys

Responsable infrastructure et sécurité / Head of maintenance and security
Philippe Curatolo

Responsable du centre de documentation / Head of the documentation centre
Céline Ganty

Responsable des ressources humaines / Head of human resources
Muriel Gastout

Coordinatrice du service communication / Communications coordinator
Maïté Vanneste

REMERCIEMENTS /
ACKNOWLEDGEMENTS

Le MACS tient à remercier les personnes et organismes suivants ayant contribué à la réussite de l'exposition / The MACS would like to thank the following individuals and organisations who have helped make this exhibition a success

Bénédicte Linard
Vice-Présidente et Ministre de l'Enfance, de la Santé, de la Culture, des Médias et des Droits des femmes / Vice-President and Minister for Childhood, Health, Culture, Media and Women's Rights

Jean-Paul Deplus
Président du MACS / Chairman of the MACS

Fabienne Capot
Députée provinciale de la Province de Hainaut / Provincial Deputy of the Province of Hainaut

Les membres du conseil d'administration du MACS / The board of directors of the MACS

Les équipes techniques du Grand-Hornu / The Grand-Hornu technical teams

Le personnel du MACS / The staff of the MACS

Et tout particulièrement les artistes / And especially the artists

Les artistes tiennent à remercier pour cette décennie / For this decade, the artists would like to thank
Joëlle Bacchetta
Deborah Bowmann
Sonia Dermience
Michel François
Anne Franssen
Alberto Garcia del Castillo
Jean-Paul Jacquet
Benoît Lamy de la Chapelle
Stéphanie Pecourt
Lili Reynaud Dewar
Margot Vanheusden
Sophie Vinet
Nathalie Wathelet

Le MACS est subventionné par la Fédération Wallonie-Bruxelles – secteur des Arts plastiques et la Province de Hainaut, avec l'aide de la Région wallonne et de l'Union européenne (FEDER). / The MACS is supported by the Wallonia-Brussels Federation – Visual Arts Department and the Province of Hainaut, funded by the Walloon Region and the European Union (FEDER).

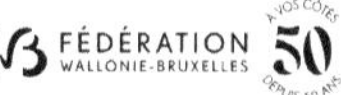

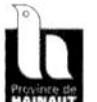

loterie nationale
nationale loterij
EECKMAN art & insurance
Prométhéa
LE SOIR
LaProvince
TÉLÉ MB

Avec le soutien de la Fédération Wallonie-Bruxelles et de la Loterie Nationale / With the support of the Wallonia-Brussels Federation and the Loterie Nationale